KB193457

결혼, 하고 싶다

The Mingling of Souls

Originally published in English under the title: *The Mingling of Souls*
© 2015 by Matt Chandler, Jared C. Wilson
David C. Cook, 4050 Lee Vance View, Colorado Springs, Colorado 80918 U.S.A.
All rights reserved.

Korean edition copyright © 2016 by Duranno Ministry
38, Seobinggo-ro 65-gil, Yongsan-gu, Seoul, Republic of Korea
This Korean edition is published by arrangement with David C. Cook

결혼, 하고 싶다

지은이 | 매트 챈들러
옮긴이 | 정성묵
초판 발행 | 2016. 9. 19
등록번호 | 제1988-000080호
등록된 곳 | 서울특별시 용산구 서빙고로65길 38
발행처 | 사단법인 두란노서원
영업부 | 2078-3333 FAX | 080-749-3705
출판부 | 2078-3332

책값은 뒤표지에 있습니다.
ISBN 978-89-531-2641-1 03230

독자의 의견을 기다립니다.
tpress@duranno.com www.duranno.com

두란노서원은 바울 사도가 3차 전도 여행 때 에베소에서 성령 받은 제자들을 따로 세워 하나님의 말씀으로 양육
하던 장소입니다. 사도행전 19장 8-20절의 정신에 따라 첫째 목회자를 돕는 사역과 평신도를 훈련시키는 사역,
둘째 세계선교™와 문서선교 단행본·잡지 사역, 셋째 예수문화 및 경배와 찬양 사역, 그리고 가정·상담 사역 등을
감당하고 있습니다. 1980년 12월 22일에 창립된 두란노서원은 주님 오실 때까지 이 사역들을 계속할 것입니다.

결혼, 하고 싶다

매트 챈들러 외 지음
정성묵 옮김

두란노

아내에게
당신이 내게 얼마나 귀한 선물인지 모르오.
하나님이 당신을 통해 내게 주신 모든 것은
말로 다 설명할 수가 없소.

contents

연애와 결혼생활,
성을 둘러싼 혼란의 한복판에서

내가 이 책을 쓰기 시작했을 때 아마존 서점에는 결혼에 관한 책이 약 151,000권이 올라와 있었다. 연애에 관한 책은 27,000권이었고, 끌림에 관한 책은 12,000권에 달했으며, 성에 관한 책은 190,000권 이상이었다.

그런데 결혼이란 주제에 관한 책을 나열한 웹페이지에는 '적극적인 이혼'(aggressive divorce)과 '여성들을 위한 이혼 길잡이' 같은 주제의 페이지로 연결되는 이상한 '스폰서 링크'가 가득했다. 그것을 보면 우리 문화가 관계와 성에 관심이 많지만 그것들에 접근하는 방식은 심각하게 병이 들어 있는 게 분명하다.

올바른 연애에 관한 질문 세례를 받다

나는 하루가 멀다 하고 교인들에게서 올바른 연애에 관한 질문 세례를 받는다. 또한 우리 교회는 매년 결혼을 앞둔 커플과 결혼한 부부들을 대상으로 한 상담에 수천 시간을 투자한다. 하나님이 기뻐하시는 연애와 결혼, 성을 원하는 마음은 간절한데 정작 그에 관한 지혜와 실질적인 노하우는 턱없이 부족해 보인다. 성경에 관한 지식과 그 지식의 적용은 꽤 큰 격차를 보인다. 우리 교회 안에서도 남녀관계와 성으로 인해 혼란스러워하고 고통스러워하는 교인을 꽤 많이 봤다. 그것이 내가 이 책을 쓰게 된 주된 동기다.

하지만 계속해서 문제를 지적만 해봐야 별로 소용이 없다. 교회는 세상의 성적 타락에 대해 우려의 목소리를 내고 있다. 그래서 세상은 이 문제에 대한 교회의 입장을 더없이 분명히 알고 있다. 커뮤니케이션과 연애, 성에 관해 실질적인 도움을 주는 것만으로도 부족하다. 물론 실질적인 도움은 실제로 도움이 된다.

사실, 이 책에서도 실질적인 지침을 제시할 생각이다. 하지만 옳은 동기와 옳은 인격이 뒷받침되지 않은 실질적인 단계들로는 한계가 있다. 이런 주제를 진정 성경적으로 다루려면 외적인 적용보다 더 깊이 들어가야 한다. 성령은 무엇보다도 우리의 내적 변화를 원하신다. 좋은 소식은, 성령이 이 일을 도와주신다는 것이다.

그렇다. 연애와 결혼생활, 성을 둘러싼 혼란의 한복판에 복된 소식이 있다. 사실, 이 소식은 성경의 바로 첫 문장에 등장한다. "태

초에 하나님이 천지를 창조하시니라."[1] 이 간단하면서도 심오한 문장은 우리에게 올바른 세계관을 제공한다. 그것은 당신과 내가 사는 이 우주가 선하신 창조주 하나님이 창조하신 곳이며 지금도 그분이 이 우주를 주권적으로 다스리고 계신다는 것이다. 여기에는 많은 의미가 있는데 그중 하나는, 하나님의 지혜를 따르면 우리의 삶이 한없이 풍성해진다는 것이다.[2]

하지만 이 지혜에 순종하기란 결코 쉽지 않다. 그래서 창세기의 두 장을 채 못 넘기고 죄가 세상에 들어와 창조 질서를 흐트러뜨렸다. 그 바람에 아담과 하와의 부부관계에서 시작하여 이 땅의 모든 관계가 오염되었다. 원래 남녀관계는 넘치는 기쁨과 상호보완의 관계였다. 하지만 죄로 인해 이 관계는 갈등으로 얼룩지고 때로는 지독히 고통스러운 관계로 변질되고 말았다.

이것은 하나님이 원래 설계하신 모습이 아니다. 하지만 우리 그리스도인들은 왜곡된 모습과 본래의 설계를 혼동하곤 한다. 우리는 관계, 특히 남녀관계에서 비롯한 고통과 혼란을 보고 점점 성과 성욕 자체를 악한 것으로 보기 시작한다. 하지만 우리가 뭔가를 오용했다고 해서 그것이 반드시 가치가 없는 것은 아니다. 우리의 오용이 선용의 가능성까지 없애지는 못한다. 성경은 하나님께서 흙을 집어 남자를 빚으셨다고 말한다. 여기서 남자는 남자 '전체'를 의미한다. 좀 낯 뜨거운 얘기일지 모르지만 하나님께서는 남자를 만들면서 생식기를 만드셨다. 마귀가 생식기를 만든 것이 아니다.

하나님께서 '대부분의' 형체를 만든 뒤 나머지 작업을 사탄에게 넘기신 것이 아니다. 사탄이 하나님의 작업장에 몰래 들어 와 선한 피조물을 제멋대로 뜯어고친 것도 아니다.

마귀가 제아무리 힘이 센다 한들 창조주는 못 된다. 그는 기껏해야 하나님의 선한 피조물을 왜곡시키고 오염시킬 뿐이다. 하나님께서는 남자에게 생식기와 정자를 채운 고환을 다셨다. 그러고 나서 확장되는 피부와 분비물을 분비하는 피부를 포함한 생식기의 피부 전체를 만드셨다. 그러고 나서 남자 안에 젊은 시절 내내 왕성하게 분비될 남성호르몬을 채워 넣으셨다. 처음부터 이것이 하나님의 설계였다. 그러고 나서 하나님은 남자에게 그분이 주신 권위를 사용해 동물들의 이름을 지으라고 명령하셨다. 아담이 이 임무를 무사히 마치고 나서 아직 죄가 세상에 들어오기 전, 하나님은 이렇게 말씀하셨다. "사람이 혼자 사는 것이 좋지 아니하니 내가 그를 위하여 돕는 배필을 지으리라."[3]

다시 말하지만, 하나님께서는 이 모든 것을 설계하고 창조하신 분이시다. 창세기 2장에서 죄가 아직 세상에 들어오지 않았을 때 하나님은 아담이 홀로 지내는 것이 좋지 않다고 말씀하셨다. 그래서 아담을 잠재우고 나서 갈빗대 하나를 뽑아 여자를 빚으셨다. 그런데 여자에게는 남자와 달리 큰 가슴과 둥근 엉덩이, 자궁을 주셨다. 그리고 호르몬도 남자와 다른 여성호르몬을 채워 넣으셨다. 이처럼 여자의 몸도 머리끝부터 발끝까지 사탄이 아닌 하나님의 작품이었다.

이윽고 잠에서 깬 아담이 여자를 보는 순간, 문학 형식이 완전히 바뀐다. 이제 아담은 노래를 부르기 시작한다. 낙타며 당나귀와 말, 물고기까지 동물에게는 그저 이름만 붙였던 그가 여자를 보고는 노래를 부른다. 그 노래는 "드디어!"로 시작된다. 그의 안에는 내내 뭔가 허전함이 있었다. 수많은 동물을 봤지만 마땅한 배필은 하나도 없었다. 그런데 이 피조물은 뭔가 다르다. "드디어!"

아담은 그녀를 '여자'라 이름 지었다. '여자'에 해당하는 히브리어는 '나에게서 나온' 혹은 '나의 것'을 의미한다. 이 얼마나 심오한 표현인가! 모든 동물을 섭렵했지만 하와와 눈이 마주친 순간에야 비로소 아담의 입에서 최초의 사랑 노래가 흘러나왔다. "너는 내 것!" 이 노래는 아가서에 나오는 고백의 맛보기라고 할 수 있다. "내 사랑하는 자는 내게 속하였고 나는 그에게 속하였도다."[4]

창세기 2장의 마지막 절에서 우리는 관계와 성을 위한 하나님의 계획을 확인할 수 있다. "아담과 그의 아내 두 사람이 벌거벗었으나 부끄러워하지 아니하니라."[5] 잠시 이 구절, 특별히 "벌거벗었으나 부끄러워하지 아니하니라"라는 대목에 관해 생각해 보자. 이 구절을 보면 아담과 하와가 누렸던 관계, 그리고 지금 하나님께서 모든 남녀에게서 바라시는 관계는 결혼의 테두리 안에서 성이라는 귀한 선물을 비롯해서 아무것도 두려워하거나 숨길 것 없이 모든 것을 하나님 안에서 즐기는 관계다.

또한 하나님은 남자와 여자에게 "생육하고 번성하여"라고 명령하셨다.[6] 성은 하나님이 그들에게 주신 선물이었다. 육체의 성교는 우연히 발생한 인간 행동이 아니라 하나님이 생육하고 번성하면서 서로를 즐기라고 주신 선물이었다.

성, 그리고 거기에서 생기는 가족은 하나님의 복 가운데 하나다. 첫 끌림에서 성이 허락되는 결혼까지, 가슴 설레는 연애에서 첫날밤의 환희까지, 하나님께서 그 모든 것을 설계하고 명령하고 축복하셨다.

이 책 속으로 본격적으로 들어가기 전에 이 사실을 확실히 짚고 넘어가야 한다. 하나님께서는 이 우주가 그분을 영화롭게 하고 우리에게 즐거움을 선사하도록 창조하셨다. 하나님께서 이런 분명한 '의도'를 품고서 창조 사역을 펼치셨다는 사실을 알아야 그분이 지으신 만물을 제대로 이해할 수 있다.

관계와 성을 향한 하나님의 뜻은 남녀가 그것을 통해 최대의 기쁨을 누리는 동시에 하나님께 최대의 영광을 돌리는 것이다. 그래서 미혼남녀가 결혼을 갈망하는 것은 근본적으로 하나님께 영광을 돌리기를 갈망하는 것이다.

남녀관계가 지금도 창세기처럼 진행되면 얼마나 좋을까? 남자들이여, 한숨 푹 자고 일어나면 눈앞에 여자가 짠하고 나타난다고 생각해 보라. 얼마나 좋겠는가? 밀고 당기기 따위는 없다. 혼란도 위험도 없다. 눈부시게 아름다운 '평생의 짝'이 알아서 나타난다. 여자들이여, 절대적으로 믿을 수 있는 관계를 상상해 보라. 배신 따위는 없다. 감정을 갖고 장난치는 나쁜 남자를 만날까 걱정할 필요가 전혀 없다. 하나님께서 특별히 '당신에게' 보내 주신 신앙 좋은 남편과 함께 평생 그분을 섬기기만 하면 된다. 이것이 아담과 하와가 누렸던 관계다. 순수하고 자유롭고 조화로우며 영광으로 충만한 하나님과의 관계를 통한 순수하고도 자유롭고 조화로우며 영광으로 충만한 남녀관계 말이다.

그런데 지금은 왜 이 모양인가? 창세기 3장에서 그 일이 벌어진 탓이다. 아담과 하와의 불순종으로 죄가 세상에 들어오면서 완벽한 리듬이 깨지고 말았다. 밴드의 다른 악기 소리들과 충돌하는 엄청나게 시끄러운 전자기타 소리를 상상해 보라. 지독히 귀에 거슬리는 불협화음이 아름답고 조화롭던 음악을 완전히 망친 것이다.

마찬가지로, 우리는 하나님의 좋은 선물을 그분이 정하신 방식으로 추구하지 않곤 한다. 그분의 의와 영광이라는 안전한 울타리에서 벗어날 때가 너무도 많다. 그럴 때 우리는 아름다운 화음을 만들어내고 있다고 생각하고 있지만 사실은 타락한 세상의 불협화음에 일조하고 있을 뿐이다. 그럴 때 아름답고 선하고 완벽하고 우리에게 기쁨을 주도록 창조된 선물이 오히려 (우리를 죽이지는 않더라도) 우리에게 해가 되기 시작한다.

몇 가지 예를 들어보겠다. 성경에 따르면 포도주는 하나님께서 우리에게 즐기라고 주신 선물이다. 그런데 우리 자신을 위해 포도주를 사용하면 알코올중독자가 되는 것은 시간문제다. 음식도 하나님께서 생명을 유지하고 즐기라고 주신 선물이지만 자신의 쾌락과 영광을 위해 사용하면 우상으로 돌변한다. 가족과 자녀, 심지어 교회 같은 좋은 선물도 마찬가지다.

물론 음식과 음료, 성처럼 즐거움을 주기 위한 선물일수록 변질될 가능성이 더 크다. 죄가 세상에 들어온 탓에 사람들을 하나님에 대한 찬양으로 이끌기 위해 만들어진 것들이 오히려 위해한 것으로 변질될 가능성이 생겼다.

성은 하나님이 주신 선물이다. 성은 부부 사이를 친밀하게 만들고 영혼을 결합시키기 위해 존재한다. 그런데 요즘 세상에서는 성을 육체적인 것으로만 여기니 참으로 안타까운 노릇이다. 우리는 '사랑'이란 단어를 잡동사니와도 같은 단어로 변질시켰다. 이제 사랑은 잡다한 것을 의미한다. 우리는 자녀를 '사랑'한다고 말할 뿐 아니라 애완견도 '사랑'한다고 말한다. 물론 이 둘의 의미는 다르다. 남편이 아내를 '사랑'하는 것과 좋아하는 축구팀을 '사랑'하는 것은 같은 의미가 아니다.

히브리어 사전을 보면 '사랑'에 대한 여러 단어가 나타나지만 내가 가장 좋아하는 단어 가운데 하나는 '도드'(dod)다. 이 단어는 주로 '사랑'으로 번역되지만 특별히 성적인 사랑을 지칭한다. 따라서 '성관계'나 '애무'로 번역하는 것이 더 정확하다. 폴 하우스(Paul House)에 따르면 이 단어는 두 영혼이 한데 어우러진다는 의미를 지

15

니고 있다.[7]

결혼한 남녀를 향한 하나님의 뜻은 몸만이 아니라 두 영혼이 하나가 되는 것이다.

놀랍지 않은가? 영혼의 어우러짐! 어떻게 하면 두 영혼이 어우러질 수 있을까? 알고 싶지 않은가? 나는 너무도 알고 싶다.

이런 기쁨과 만족은 모든 죄의 치료와 같은 근원에서 비롯한다. 우리가 이 지경에 빠진 원인으로 되짚어 보면 탈출구가 눈에 들어온다. 우리의 관계와 가정, 성이 흔들리는 원인은 바로 우리가 죄인이기 때문이다. 따라서 우리 죄의 해독제가 바로 이 문제의 해독제다.

하나님의 아이디어, 영혼의 어우러짐

관계와 성, 친밀함은 하나님의 아이디어다. 비록 우리의 이기적인 반항이 하나님의 선한 설계에 금이 가게 만들었지만 하나님께서는 독생자 예수 그리스도의 삶과 죽음, 부활을 통해 만물을 향한 화해의 문을 여셨다. 이 만물에는 성과 관계도 포함된다. 은혜로우신 하나님께서는 우리를 계속해서 어둠 속에 내버려두지 않으셨다.

하나님은 성경의 한가운데에 우리가 예로부터 '지혜서'로 불러온 다섯 권의 책을 끼워 넣으셨다. 욥기와 시편, 잠언, 전도서, 아가서가 그것이다. 하나님의 지혜로 쓰인 이 책들은 노래와 시, 대화를 통해 하나님께서 원하시는 아름다운 삶과 죽음의 방식을 보여준다. 그 중에서 다섯 번째 책인 아가서에서 우리는 사랑을 속삭이는 한 커플을 만날 수 있다. 그들은 순결을 위해 육체와 싸우고 은혜로운 결혼의 언약을 받아들이고 성이라는 놀라운 선물을 축하하고 함께 아름답게 늙어가는 법을 배워간다. 그들은 논쟁을 벌일 때도 서로에 대한 예의를 지키고 언제나 서로를 격려한다. 그렇게 그들은 아름다운 사랑의 불을 계속해서 타오르게 만든다.

이 모든 과정에서 신랑과 신부는 하나님을 영화롭게 하고 스스로는 더없는 기쁨과 친밀함을 누린다. 참으로 우리 모두가 눈여겨보고 본받아야 할 한 쌍이다. 단, 나는 아가서를 기독교 연애 지침서로 생각하지는 않는다. 아니, 나는 그런 지침서 같은 것은 아예 없다고 생각한다. '설교의 왕'이라 불리는 찰스 스펄전(Charles Spurgeon)은 아가서에 관해 다음과 같이 말했다.

이 책은 동산 한가운데의 생명나무처럼 서 있다. 먼저 그리스도를 통해 그룹의 검을 지나 그분을 죽음에서 구해낸 사랑 안에서 기뻐하기 전까지는 누구도 그 열매를 따먹을 수 없다. 휘장 안에 서 있는 사람만이 아가서를 이해할 수 있다. 성전 바깥뜰에서 예배하는 사람들, 심지어 유일하게 제사장의 뜰에 들어갈 수 있는 사람들도 이 책을 매우 이상하게 여긴다. 하지만 그리스도께로 아주 가까이 나아가는 사람들은 이 아가서에서 주님

을 향해 꼭 사용하고 싶은 사랑의 표현을 발견할 수 있다.[8]

그리스도 안에서 발견되는 하나님의 변함없는 사랑을 느끼는 사람만이 아가서에 나타난 맹렬한 사랑을 온전히 이해할 수 있다는 뜻이다. 다시 말하지만 아가서는 기독교 연애 지침서가 아니다. 하지만 아가서를 보면 이성에 대한 지혜로운 접근법과 어리석은 접근법이 있는 것만큼은 사실이다. 아가서는 지혜로 가득하다. 그리스도를 믿는 사람들은 아가서에서 우리 구주의 애틋하고 끈질기며 변함없는 사랑을 발견할 수 있다.

이쯤에서 고백할 게 하나 있다. 나는 아내 로렌(Lauren)과 17년을 함께 살았다. 연애는 1년을 했고 6개월간 구혼한 끝에 약혼을 하고 나서 다시 6개월 뒤에 결혼에 골인했다. 안타깝게도 아내와 나는 이 책에서 소개하려는 교훈을 제대로 따르지 않았다. 혹시 그래서 내가 위선자처럼 보이는가? 내가 쓸 자격이 없는 책을 썼다고 생각하는가? 하지만 내가 뼈아픈 실수를 통해 얻은 교훈이라 더욱 자신 있게 소개할 수 있다. 우리 부부는 현대의 관계적 역학에서 비롯한 상심과 혼란, 좌절을 직접 경험했다.

그래서 나는 부부가 저지를 수 있는 온갖 실수를 너무도 잘 알고 있다. 하지만 동시에 하나님의 자비로운 복음이 우리의 어처구니없는 실수를 구속하고 우리 마음에 놀라운 치유를 가져올 수 있다는 사실도 너무나 잘 알고 있다. 그렇다고 해서 하나님이 매번 구속해 주실 테니 마음대로 해도 괜찮다는 말은 아니다. 은혜는 죄에 대한 안전망이 아니다. 은혜는 죄인에 대한 안전망이다.

신부인 교회를 아버지 앞에 흠 없는 모습으로 선보이기 위해 목숨까지 내어놓으신 죄 없는 신랑 예수 그리스도. 그래서 그분의 신부인 우리는 루터(Luther)의 말마따나 "과감하게 죄를 지어도" 좋다. 물론 루터는 하나님의 명령에 불순종하는 삶을 권장한 것이 전혀 아니다. 다만 우리가 어떤 죄를 저질러도 하나님의 은혜가 그 죄를 덮고도 남으니 그분에게서 도망치지 말고 오히려 그분께로 달려가야 한다는 사실을 일깨워 준 것이다. 우리의 있는 모습 그대로 예수 그리스도께 나아가도 괜찮다. 주님은 우리의 미래 모습을 사랑하시는 게 아니라 상하고 깨지고 헝클어진 현재 모습을 그대로 사랑하신다. 그리고 내가 아가서에서 배운 것은, 이 은혜의 복음 위에 세워지고 오랜 신뢰와 용서를 통해 다져진 가정은 죄가 발붙이기 어려운 반면 죄인들은 안전하게 살 수 있는 곳이라는 사실이다.

두 영혼이 성령의 인도하심을 따라 하나로 어우러지는 복음 중심의 가정, 그 안에서는 우리는 은혜가 진짜라는 사실, 하나님이 우리를 속속들이 아시면서도 진정으로 깊이 사랑해 주신다는 사실을 끊임없이 재확인할 수 있다.

Part 1

연애, 하고 싶다

첫 끌림에서
영혼의 어우러짐까지

1장

첫 끌림

이 끌림이 진정한 사랑일까

생후 두 살 언저리까지의 아이들을 보면 남녀의 차이를 잘 인식하지 못한다. 하지만 그 뒤로 점점 남녀의 차이를 느끼기 시작하고, 유치원에 갈 즈음에는 차이점을 확실히 안다. 그 또래의 아이들은 같은 성별끼리 어울리길 좋아한다. 가끔 서로를 밀치거나 말싸움을 벌일 때를 제외하고는 좀처럼 이성과 상호작용하지 않는다.

남자아이들은 싸우기 놀이나 높은 곳에 오르기를 좋아하며 수시로 뭔가를 쌓고 무너뜨린다. 물론 관계성이 강한 대부분의 여자아이들에게는 이런 행동이 어리석고 유치하게만 보인다. 나는 딸 둘을 키우고 있는데 그 맘 때는 뭐든 물건 두 개만 있으면 둘을 친구로 만들어 주었다. 예컨대, 연필과 숟가락이 대화를 나누고 함께 웃는 식이다. 하지만 뭐든 금방 파괴되는 남자아이들의 세상에서는 연필과 숟가락의 우정이 그리 오래 가지 않는다.

시간이 지날수록 남녀가 이전보다는 좀 더 어울리기 시작하지만 여전히 남녀가 따로 노는 시간이 많다. 이성에 대한 첫 관심은 괴롭히는 모습으로 나타난다. 남자아이들과 여자아이들이 장난스럽게 서로를 괴롭히는 것은 대개 뭔가가 변하고 있다는 신호다. 초등학교 4학년 아이들이 이성을 못살게 구는 것은 "너에게 이상한 감정이 생겼지만 뭘 어떻게 해야 할지 모르겠어"라는 뜻이다.

그러다가 발달 수준에 따라 초등학교 6학년과 중학교 3학년 사이에 '각성의 날'이 찾아온다. 그전까지 남자아이들은 이성에게 무관심하고 심지어 이성을 '역겨운' 존재로 취급하기도 한다. 하지만 각성의 날 뭔가가 변한다.

그날을 기억하는가? 아침에 일어나서 옷을 입고 신발을 신고, 가방을 메고, 학교에 가다가 친구들이 있는 방향으로 걸어다가 그 남자애 혹은 여자애를 봤다. 그런데 갑자기 그 애가 더 이상 역겨워 보이지 않는다. 무관심과 혐오가 어디론가 사라졌다. 특정한 이성에게 갑자기 시선이 꽂혔다. 그 애를 '원하는' 마음이 어디선가 솟아났다. 이것이 바로 각성의 날이다.

나는 10년 동안 교회에서 아이들을 가르치면서 초등학교 6학년과 중학교 3학년 사이의 아이들 대부분에게 나타나는 독특한 변화들을 눈앞에서 관찰할 수 있다. 예를 들어, 6학년 아이 백 명을 사흘 동안 한 방에 넣어 두면 고약한 냄새가 진동을 한다. 하지만 중학교 3학년이 되면 남자아이들이 샤워를 하고 머리 모양에 신경을 쓰기 시작한다. 갑자기 옷이나 외모, 자신의 몸에서 나는 냄새에 신경을 쓴다. 퀴퀴한 냄새가 나던 6학년 남자아이들에게 어떤 일이 일어난 것인가? 각성의 날이 이른 것이다.

이전에는 전혀 중요하지 않던 것이 이제는 '말할 수 없이' 중요해 지기도 한다. 중학교 3학년 남자아이들은 여자아이들의 시선에 극도로 민감해 진다. 못되게 굴던 남자아이들이 갑자기 여자아이들에게 잘 보이려고 애를 쓴다. 각성의 날은 모든 것을 바꾼다. 각성의 날 이후로 남자아이들은 여자아이들을 쫓아다니고, 여자아이들은 남자아이들이 다가오고 말을 걸기를 바란다.

물론 예외적인 경우가 존재하지만 이처럼 냄새와 장난에서 구애와 쫓아다님으로 이어지는 것이 대부분의 사춘기 전후 아이들의 인생 궤적이다. 그리고 이와 관련해서 꼭 기억해야 할 사실은, 이 모든 것이 하나님의 선한 설계라는 것이다.

끌림은 성경적으로도 자연스러운 현상이다

끌림은 이상하고도 모호한 요인이다. 심리학 사전(Psychology

Dictionary)은 '끌림'을 이렇게 정의한다. "다른 사람들에게 끌리고 그들과 어울리길 원하는 자연스러운 감정. 이것은 대체로(반드시는 아니지만) 그들을 개인적으로 좋아해서 생기는 감정이다."[1] 약간 모호한 정의이긴 하지만, 위에서도 말했듯이 끌림이란 본래 모호한 요인이다. 이성으로서든 아니든 우리가 누군가에게 끌리는 것은 그에게서 '특별한 뭔가'가 보이기 때문이다. 대개 그 뭔가는 어느 한 가지 요소가 아니라 성격이나 인상 같은 다양한 요소의 결합이다. 세상에는 외모적으로 아름다운 사람도 많다. 그러나 우리는 육체적인 매력 이외에 뭔가가 느껴지는 이성에게 끌린다.

그럼에도 육체적인 매력을 빼놓고 끌림을 이야기할 수는 없다. 사실, 요즘 사람들이 "매력적이다"라고 말하는 것은 대개 육체적 매력을 말하는 것이다. 한마디로, 잘생겼다는 뜻이다. 남녀 모두에게, 특히 남자들에게 첫 끌림은 상대방의 인격이나 능력과 별로 상관이 없다. 처음에는 단순히 생김새가 맘에 들어서 끌리기 쉽다. 하긴, 그럴 만도 하다. 가장 먼저 눈에 들어오는 것이 생김새이기 때문이다. 사람의 인격을 알려면 좀 더 시간이 필요하다. 일단 우리의 눈은 방 안에서 가장 잘생긴 사람에게로 향하게 되어 있다.

말할 필요도 없는 사실인데 잘 모르는 사람이 있어서 말하면, 누군가에게 육체적으로 끌리는 것은 전혀 나쁜 것이 아니다. 그것은 완벽히 자연스러운 현상이다. 사실, 아가서도 육체적 끌림으로 시작된다. "내게 입 맞추기를 원하니 네 사랑이 포도주보다 나음이

로구나"(1.2). 아가서의 여인은 솔로몬을 보자마자 반해 그에게 입을 맞추기 원했다. 그녀에게 솔로몬은 바라보기만 해도 즐거운 존재였다.

성경은 이성간의 육체적 끌림을 묘사할 뿐 아니라 '인정'한다. 창세기 2장에서 아담이 하와를 보자마자 사랑의 노래를 불렀던 것에서부터 창세기 29장 17절에서 야곱이 라헬을 보자마자 반해 "곱고 아리따우니"라고 감탄했던 것까지, 성경은 육체적 끌림에 반대하지 않는 것이 분명하다.

물론 하나님이 원하시는 남녀관계는 육체적으로만 끌리는 관계가 아니지만 육체적 끌림도 중요한 요소인 것은 사실이다. 그래서 성경은 육체적 끌림에서 졸업하라고 말하지 않는다. 배우자에 대한 사랑이 깊어지고 그의 약점과 상처, 죄를 속속들이 알고 난 뒤에도 우리는 평생 육체적 끌림을 유지하도록 애써야 한다. 그래서 잠언 5장 19절에서 아버지는 젊은 아들에게 아내에 관한 조언을 했다. "너는 그의 품을 항상 족하게 여기며 그의 사랑을 항상 연모하라."

여기서 '항상'이란 단어에 주목하라. 죽을 때까지 아름다운 사람에게 육체적으로 끌리는 것이 인간이다. 취향은 제각각이라도 미남미녀에게 끌리는 본능 자체는 온 인류가 동일하다. 아름다움은 눈을 즐겁게 하는 특성들의 조합이다. 그래서 아름다움은 보는 사람의 눈에 달려 있다는 옛말도 있지 않은가. 남자들은 여자의 특정한 체형(취향에 따라 통통하거나 마른)이나 머리 모양, 옷차림에서 아름다움을 느끼고, 여자들은 남자의 특정한 눈빛(파란색이나 갈색)이나 체격(훤칠하거나 우람한)에서 아름다움을 느낀다. 우리는 이런 특성을 자연스럽게 알아차리며, 눈에 '아름다운' 사람에게 끌린다. 가슴이 뛰지는 않더라도 최소한 아름답다는 생각 정도는 든다.

육체적 아름다움에 대한 우리의 취향이 각양각색인 것을 통해 하나님의 창의성과 예술 감각을 예상해 볼 수 있다. 또한 대부분의 사람들이 제 눈에 안경인 사람을 찾아내는 것을 보면 우리 안에 미에 대한 안목(더 깊은 차원에서 말하면, '영광'에 대한 안목. 물론 영광의 최고봉은 바로 하나님의 영광이다)을 심어 주신 하나님의 솜씨가 얼마나 뛰어난지 모르겠다. 사람이 이성에게 육체적으로 끌리는 것은 생리적으로도 성경적으로도 자연스러운 현상이다. 이것은 선하고도 정상적인 현상이다. 하지만 성경은 육체적 끌림을 인정하는 동시에 주의를 요한다.

피상적인 아름다움에 빠지는 어리석음

앞서 말했듯이, 성경은 육체적 아름다움에 관해 많은 말을 한다. 그런데 하나님께서는 아름다움을 일차원적으로만 보시지 않는다. 아름다움 자체가 끌림의 속성을 내포하고 있지만 성경에 따르면 아름다움에는 기만적인 속성도 있다.

그래서 잠언은 여성의 아름다움에 지나치게 눈이 멀지 말라고 경고한다. 예를 들어, 잠언 6장 25절을 보자. "네 마음에 그의 아름다움을 탐하지 말며 그 눈꺼풀에 홀리지 말라."

하나님께서 한 입으로 두 말을 하고 계신 것인가? 여성에게 육체적으로 끌리는 동시에 끌리지 말아야 한다는 말인가? 어떤 면에서는 그렇다. 잠언 6장 25절에서 핵심은 '네 마음에'와 '탐하지'이다. 마음으로 탐하는 것은 단순히 반하는 것과 다르다. 반하는 것은 좋지만 탐하는 것은 좋지 않다. 나아가, 성경은 단순히 외모만 보지 말고 마음이 아름다운지를 헤아리라고 누누이 강조한다.

잘 알려진 또 다른 성경의 경고는 잠언 31장 30절이다. "고운 것도 거짓되고 아름다운 것도 헛되나 오직 여호와를 경외하는 여자는 칭찬을 받을 것이라."

아름다움이 허무하다는 것은 피상적으로 흐를 수 있다는 뜻이다. 다시 말해, 껍데기에만 집착하게 될 수 있다. 아름다움이 기만적이라는 것은 우리를 현혹시켜 껍데기 아래의 어두운 현실을 보지 못하게 만들 수 있다는 뜻이다. 다시 말해, 아름다움의 유혹에 넘어가 죄에 빠질 수 있다. 성경에서 우리는 누구나 알고 있는 사실 하나를 발견할 수 있다. 그것은 영적으로 기만적인 사람일수록 육체적으로 더 매력적인 경우가 많다는 것이다. 인간은 육체적 매력에 혹해 어리석은 길에 빠지기가 너무도 쉽다. 예수님께서는 마태복의 말씀을 통해 바리새인들의 피상적인 종교 행위를 꾸짖으셨다.

화 있을진저 외식하는 서기관들과 바리새인들이여 회칠한 무덤 같으니 겉으로는 아름답게 보이나 그 안에는 죽은 사람의 뼈와 모든 더러운 것이 가득하도다 이와 같이 너희도 겉으로는 사람에게 옳게 보이되 안으로는 외식과 불법이 가득하도다(마 23:27-28).

미모는 껍데기에 불과하다는 옛말은 성경의 진리와 일맥상통한다. 예컨대, 잠언의 매력적인 매춘부를 보면 역시나 미모로 사람을 판단할 것이 못된다. 다윗이 탐했던 밧세바를 봐도 그렇다. 삼손과 악한 관계를 맺었던 들릴라를 봐도 그렇다. 무엇보다도 "광명의 천사"로 위장한 채 사람들을 미혹시키는 사탄을 봐도 그렇다(고후 11:14).

물론 그렇다고 해서 못생긴 사람과 결혼해야 한다는 뜻은 아니다. 다만 육체적 아름다움보다 더 깊은 차원의 아름다움을 볼 줄 알아야 한다는 말이다. 부부 사이에서는 아이를 낳아 몸매가 망가지고 얼굴에 주름이 가득해져도, 심지어 병마와 고생으로 외모가 엉망이 되어도 변하지 않는 끌림을 늘 유지하려고 애써야 한다. 부부 사이가 진정으로 영혼의 어우러짐이 되려면 단순한 육체의 어우러짐을 넘어서야 한다. 우리는 육체적 아름다움이 축복인 동시에 위험하다는 사실을 알아야 한다.

육체적 끌림에 주의해야 한다

육체적 끌림에 주의해야 하는 또 다른 이유는 미의 기준이 절대적이지 않다는 것이다. 사람마다 입맛이 다른 것처럼 미의 기준도 문화와 시대마다 다르다. 그래서 순전히 육체적이기만 한 끌림은 우리가 어느 시대 어느 곳에서 사느냐에 따라 달라진다. 미에 대한 우리의 이상은 늘 변하고 있다. 레이셔(Reischer)와 쿠(Koo)는 '아름다운 육체'(The Body Beautiful)란 글에서 이 주제를 자세히 다루었다.[2]

> 내 누이 가족은 거의 8년 가까이 아시아에서 살았다. 누이를 찾아갈 때마다 느끼는 것은 미의 기준이 내가 사는 텍사스 주와 정말 다르다는 것이다. 아시아 여인들은 대체로 하얀 피부를 선망하는 것 같다. 상점마다 피부를 하얗게 만들어 주는 크림과 로션이 가득하다. 이런 상품을 선전하는 광고도 수없이 봤다. 하지만 달라스 지역에서는 상황이 정반대다. 이곳의 여자들은 수영장에 누워 새하얀 겨울 피부를 구릿빛 피부로 태울 수 있는 여름을 손꼽아 기다린다. 이 외에도 지역마다 미의 기준이 다름을 보여 주는 예를 들자면 끝이 없다. 어떤 문화가 옳을까? 미백된 피부와 그을린 피부 중 무엇이 더 아름다울까?

여기에 유구한 역사라는 변수를 더하면 문화적 전경은 더욱 복잡해진다. 역사 속에서 '이상적인 여성'의 기준은 수없이 변해왔고, 때로는 180도로 달라지기도 했다.[3] 고대에서 중세까지 유럽에서는 피부가 창백하고 다소 통통한 여자가 미인으로 꼽혔다. 당시에 그려진 미인도들을 보면 뚱뚱하고 못생기게 보인다. 반대로, 요즘 뭇 남성들의 눈길을 사로잡는 여인들이 그 시절에 태어났다면 골골해서 매력이 없다는 소리를 들었을 것이다. 20세기 초(특히 1920년대)에는 여성들이 머리카락을 매우 짧게 자르고, 몸매를 가리는 옷을 입었다. 1940년대에는 그을린 피부와 길게 치렁거리는 머리카락이 미의 상징으로 떠올랐다.

이처럼 미의 기준은 끊임없이 변한다. 요즘은 역사 속에 유행했던 모든 스타일이 뒤죽박죽으로 섞인 형국이다. 미의 변화를 가장 잘 보여 주는 예는 꾸준한 인기를 끌고 있는 바비(Barbie) 인형이 아닐까 싶다. 한 학자는 바비 인형의 역사를 다음과 같이 정리했다.

> 심지어 장난감들도 미라는 이름으로 '칼질'을 당하고 있다. 1997년 마텔(Mattel) 사의 간판스타 바비 인형은 "더 넓은 허리와 더 홀쭉한 엉덩이 … 전통적인 가슴 윤곽을 줄인 채로" 출시되었다(〈월스트리트 저널〉(Wall Street Journal), 1997년). 서구 여성성의 아이콘이 근 40년 만에 이렇게 변한 것은 1950년대 초 최초의 바비 인형이 표현했던 여성의 이미지 자체가 급격히 변했다는 뜻이다. 아름다움은 비록 매우 주관적이긴 하지만 단순히

미학이나 취향의 문제만은 아니다. 미의 문화적 이상은 사회적 가치와 믿음의 지표요 표현이기도 하다. 그런 의미에서 "(사회의) 역사는 곧 여성의 아름다움에 관한 역사라고"까지 말할 수 있다(Jury & Jury, 1986년).[4]

예로부터 페미니스트들은 여성들을 물건 취급해 온 압제적인 '남성의 시선'을 비판했다. 이는 완전히 틀린 말은 아니다. 그들은 여성의 아름다움이 남성의 쾌락을 위해서 존재하고 철저히 남성들이 미의 기준을 정한다고 말한다. 그로 인해 성의 상품화 현상이 심각하며, 이런 상품화는 이 세상을 점점 더 시각적인 세상으로 몰아가고 있다.

남성의 미에 대한 기준은 여성만큼 큰 변화를 겪지 않았다. 르네상스 시대와 오늘날을 비교해보면 육체적인 매력에 대한 기준이 별반 다르지 않음을 알 수 있다. 예나 지금이나 키가 크고 어깨가 넓은 남성들을 매력적으로 여긴다.

다만, 비교적 현대에 와서는 '진정한 남성성'의 기준이 적잖은 변화를 겪어왔다. 남성들이 표현해야 할 남성성의 개념 자체가 흔들리고 있다. 60년대와 70년대의 히피 문화 속에서는 남성도 여성처럼 섬세할 줄 알아야 한다는 생각이 널리 퍼져 있었다. 하지만 70년대 말과 80년대 초에는 이런 유약한 남성에 대한 반발로서 거침없는 마초 스타일이 부상했다.

이상적인 남성상은 그 후로도 끊임없이 변했다. 80년대와 90년대에는 감수성이 예민하고 시끄러운 록(grunge rock) 팬들과 섹스에 굶주린 난봉꾼들이 한 시대를 풍미했다. 21세기가 시작될 무렵에는 메트로섹슈얼(metrosexual)이 부상했다. 요즘은 맥주와 턱수염으로 대변되는 자신만만한 즉 우두머리 수컷의 이미지를 부각한 알파메일(alpha male)이 부활하고 있는 듯하다. 그릇된 여성관에서 비롯한 정욕의 한복판에서 우리는 진정한 남성의 의미에 관한 혼란을 겪고 있다. 섬세해야 진짜 남자인가? 아니면 터프해야 하는가? 아니면 두 가지를 모두 갖춰야 하는가? 그렇다면 어떻게 해야 섬세하면서도 유약해지지 않을 수 있을까? 어떻게 해야 터프하면서도 폭력성이나 아집으로 흐르지 않을 수 있을까?

성에 관한 이런 혼란까지 더해져 '미'라는 개념은 그야말로 오리무중에 빠졌다.

아름다운 외모 아래에 빛나는 인격을 보라

앞서 말했듯이 우리의 관심을 사로잡고 우리를 관계 속으로 끌어들이는 주된 요인은 육체적 매력인 경우가 많다. 그리고 다시 말하지만, 이것 자체는 나쁜 것이 아니다. 다만 육체적 아름다움에만 넋이 나가 유독하고도 불경한 관계에 빠지지 않도록 (혹은 이성 관계에 관한 유독하고도 불경한 생각에 빠지지 않도록) 조심해야만 한다.

최근에 우리 교회에 다니는 불신자 한 사람과 마주 앉았다. 그는 내 설교의 몇 가지 내용에 의문을 제기하고 신랄한 질문을 던졌다. 그는 20대 중반의 젊은 나이에 매우 잘생기고 돈도 많았다. 대화 도중 그는 우리 교회에 나오는 이유 중 하나가 자주 가는 클럽에서 마땅한 결혼 상대를 찾지 못했기 때문이라고 말했다. 그는 교회에 잘 다니는 여자와 결혼하고 싶다고 했다. 주일마다 여자를 만나기 위해 아침 일찍 샤워를 하고 잔뜩 멋을 내고서 교회에 나오는 남자라니! 이야기를 나눌수록 속에서 점점 끓어올랐다. 결국 교회는 헌팅하는 곳이 아니라고 따끔하고 쏘아 주고 말았다.

세상에는 겉은 멀쩡하지만 속에는 이기주의와 정욕, 통제 욕구가 들끓는 남녀가 너무도 많다. 이것이 아가서의 대화 중 두 번째 줄이 그토록 중요한 이유다. 여인은 솔로몬의 외모에 반했지만 외모만을 보지는 않았다. "네 기름이 향기로워 아름답고 네 이름이 쏟은 향 기름 같으므로 처녀들이 너를 사랑하는구나"(1:3).

솔로몬은 잘생기기만 한 것이 아니라 훌륭한 인품으로도 널리 알려져 있었다. 심지어 거리의 꼬마들까지도 그가 올곧고 지혜롭고 신실한 왕이라는 것을 알 정도였다. 그는 망나니가 아니었다. 게으르지도 무능력하지도 않았다. 여자들의 마음을 갖고 장난을 치는 바람둥이도 아니었다. 그의 이름은 쏟은 향 기름 같았다. 다시 말해, 향기로운 제물과도 같았다. 그의 이름이 들릴 때마다 사람들의 얼굴에 환한 미소가 번졌다.

무엇보다도, 우리가 겉만 번드르르하고 평판이 형편없다면 하나님이 기뻐하시지 않는다. 따라서 육체적인 매력만 보지 말고 언제나 인격을 봐야 한다. 잠언에서 솔로몬의 어머니도 그에게 바로 이런 가르침을 전해 주었다. 솔로몬은 왕이었기 때문에 천하제일의 미녀를 아내로 삼을 수도 있었다. 하지만 그의 어머니는 중요한 사실을 일깨워 주었다. "누가 현숙한 여인을 찾아 얻겠느냐 그의 값은 진주보다 더 하니라"(잠 31:10).

이 번역은 본래의 의미를 온전히 전해 주지 못하고 있다. 이해를 돕기 위해 NET성경으로 살펴보자. "누가 인품이 고상한 아내를 찾겠느냐? 그의 가치는 루비보다 더 하니라."

여기서 "고상한 인품은 룻기에서 룻을 '현숙한 여자'라 표현할 때 사용된 것과 똑같은 단어다."[5] 하나님의 말씀에 이끌리는 사람들은 육체적 매력 하나에만 끌리지 않는다. 육체적 매력이 좋은 것이긴 하지만 그것은 어디까지나 외적인 아름다움일 뿐이다. 반면, 인격은 내면의 문제이며 진주보다 더 귀하게 여겨져야 한다.

베드로전서도 비슷한 조언을 발견할 수 있다. 여기서 베드로는 아내들에게 외적인 아름다움보다 내적인 아름다움을 더 열심히 가꾸라고 가르친다.

너희의 단장은 머리를 꾸미고 금을 차고 아름다운 옷을 입는 외모로 하지 말고 오직 마음에 숨은 사람을 온유하고 안정한 심령의 씩지 아니할 것으로 하라 이는 하나님 앞에 값진 것이니라 (벧전 3:3-4).

물론 이 구절은 구체적으로 아내들에게 주는 교훈이기 때문에 첫 끌림이나 연애와는 좀 거리가 있다. 또한 이 구절이 쓰일 당시에는 대부분 중매로 결혼을 했고 육체적 매력은 가장 중요한 고려사항이 아니었다. 어쨌든 이 구절은 내면의 아름다움에 초점을 맞춰야 한다고 가르치고 있다. 외적 아름다움도 좋지만 우리는 그 표면을 지나 사람의 영혼 속에 무엇이 있는지를 헤아릴 줄 알아야 한다. 상대방의 사람 됨됨이를 볼 줄 알아야 한다.

몇 년 전 〈카메라 포착〉(Caught on Camera)이라는 텔레비전 프로그램을 본 적이 있다. 이것은 아무도 보는 사람이 없는 줄 알고 온갖 추잡한 짓을 하는 모습을 몰래 찍어 보여 주는 프로그램이었다. 한번은 한 남성이 동료들을 위해 끓인 커피에 소변을 누는 모습이 포착되었다. 어느 식당의 요리사가 손님에게 나갈 요리에 침을 뱉는 장면도 있었다. 한 여성은 방안에서 강아지를 사방으로 집어던졌다. 볼수록 역겨웠다. 정말이지 눈 뜨고 볼 수 없을 지경이었다.

사람의 마음과 머릿속에서는 온갖 추잡한 일이 벌어지고 있다. 요즘 CCTV에 잡히는 장면을 보면 폐쇄된 공간에서 아동 학대와 노인 학대가 판을 치고 있다. 인격의 가장 확실한 척도 중 하나는 아무도 보지 않는 곳에서 어떤 행동을 하느냐다. 빌 하이벨스(Bill Hybels)도 인격이 "아무도 보지 않을 때의 모습"이라고 말했다.[6] 누구나 대외적인 얼굴과 사적인 얼굴을 동시에 갖고 있다. 잘생긴 남자나 아리따운 여자를 사귈 때는 외모에만 넋이 나가 있지 말고 인격을 잘 확인해야 한다. 아름다운 표면 아래에 빛나는 인격이 있는가?

외모야 언제든지 바꿀 수 있다. 오늘날 화장 기술과 헤어스타일, 미용 제품, 성형수술, 건강식품, 헬스 프로그램은 획기적인 발전을 이루었다. 모두가 미남미녀가 될 수는 없지만 약간만 손을 대면 훨씬 나아질 수 있다. 하지만 내면의 모습은 어떠한가? 결국 속에 있는 것이 겉으로 나오게 되어 있다. 언제까지 숨길 수만은 없다. 친해져서 방심하거나 극심한 스트레스를 받으면 자신도 모르게 추악한 본모습이 나온다. 흉측한 인격을 고칠 성형수술은 존재하지 않는다.

내면의 모습은 숨길 수 없다. 그리고 그 모습이 진짜 자신의 모습이다. 육체적 끌림만으로는 진정한 관계를 맺을 수 없다. 육체적 끌림만으로 이루어진 관계는 피상적이고 이기적이며 율법적인 관계가 되기 쉬우며, 결국 오래 가지 못한다.

에이브러햄 링컨(Abraham Lincoln)은 다음과 같이 말했다. "인격이 나무라면 평판은 그 그림자와 같다. 그림자는 실체에 대한 우리의 생각이고 나무는 실체다."[7] 상대방이 인격자인지를 확인할 수 있는 첫 번째 방법은 그의 평판을 확인해 보는 것이다. 사람들이 그에 관해서 뭐라고 말하는가? 그가 경건한 사람으로 알려져 있는가? (교회 출석이 곧 경건한 삶을 의미하지는 않는다는 점을 명심하라. 교회에 잘 다니면서도 실제로는 경건과 거리가 먼 남녀가 수두룩하다.) 잠언 22장 1절은 이렇게 말한다. "많은 재물보다 명예를 택할 것이요 은이나 금보다 은총을 더욱 택할 것이니라."

평판은 인격의 그림자다. 따라서 평판이 형편없다면 인격도 형편없을 가능성이 높다. 사귀고 싶은 사람이 있다면 그 사람의 평판이 파란불인지 빨간불인지를 판단해서 더 다가갈지 멈출지를 결정하라.

솔로몬의 인격이 드리운 평판의 그림자는 워낙 훌륭해서 보는 이들의 감탄을 자아냈다. "우리가 너로 말미암아 기뻐하며 즐거워하니 네 사랑이 포도주보다 더 진함이라 처녀들이 너를 사랑함이 마땅하니라"(아 1:4).

그렇다면 어떤 평판을 찾아야 하는가? 단지 사람들에게 인기만 많으면 될까? 혹시 그가 아첨으로 인기를 얻은 것이라면? 단순히 돈이 많아서 인기가 있는 것이라면? 단순히 권력 때문에 사람들이 꼬이는 것이라면? 단순한 인기가 아니라 경건한 인품의 특징에는 무엇이 있는가?

이 부분에서 우리는 세상의 방식을 거슬러야 한다. 성경이 말하는 경건한 인품의 특징은 세상이 원하고 찬양하는 품성과 오히려 정반대인 경우가 많다. 실제로, 아가서를 연인 관계를 위해 가장 먼저 추천하는 이유는 이 망가진 세상이 가장 경멸하는 것이 회복되어야 하기 때문이다.

순종을 이해 못하면, 관계에 브레이크를 밟아라

요즘 사람들이 권위를 우습게 본다는 것은 모두가 인정하는 사실이다. 현대 사회는 권위와 복종의 역학에 따라 움직이면서도 감정적으로는 이 역학에 알레르기 반응을 보이고 있는 듯하다. 다들 대놓고 말은 안 해도 표정과 행동으로 이렇게 말하고 있다. "누구도 내게 이래라 저래라 명령할 권리가 없어. 나는 내가 하고 싶은 대로 하겠어. 내 보스는 나 자신이야."

어느 세대나 대중음악은 반권위주의를 부추긴다(로큰롤 음악은 사람들의 반항심을 먹고 살아간다고도 말할 수 있다). 일례로 역사상 가장 위대한 록 그룹으로 꼽히는 비틀즈(Beatles)는 권위에 대한 반항심을 '혁명'(Revolution)이란 곡에 담아냈다. 또한 비틀즈를 이끈 문화 혁명가 존 레논(John Lennon)은 '상상하라'(Imagine)는 곡을 세상에 선물했다. 이 곡은 무척 아름다운 곡이지만 가사를 자세히 뜯어보면 종교와 정부, 국경, 지옥, 천국 따위는 없고 '평화'만 있다면 세상이 훨씬 좋을 것이라는 오만방자한 주장을 담고 있다. 하지만 이 곡은 반문화적인 1960년대와 70년대 사람들에게 폭발적인 인기를 얻었다.

1980년대에는 존 멜렌캠프(John Mellencamp)가 '권위의 노래'(Authority Song)란 곡을 통해 "권위와 싸워보지만 항상 진다네"라고 노래했다. 계속해서 그는 이렇게 말했다. "어릴 적부터 도전해봤지만 매번 쓴웃음을 지어야 했다."

반권위주의의 철학은 우리 사회 전반에 팽배해 있다. 예술에서 엔터테인먼트와 정치, 문화까지 대규모 운동들이 하나같이 이 철학에서 태동했다. 가장 최근의 문화적인 사례는 미디어에서 '점거 운동'(Occupy Movement)이라고 부르는 현상이다. 이것은 부의 99퍼센트를 소유한 서구의 소수에게서 '부정 이득'을 모조리 빼앗아야 한다는 논리에서 비롯한 운동이다. 하지만 이 운동의 이면에는 단순히 부의 불평등이나 사회적 상황에 대한 안타까움보다 더 깊은 감정이 흐르고 있다. 그것은 모든 인간의 내면에 흐르는 권위에 대한 반항심이다. 복종이란 개념은 우리 인간들을 신경질적이고 고집스럽고 심지어 분노하게 만든다.

물론 권위와 복종의 개념에 대한 반항심은 역사상 수많은 사람이 자신의 권위를 남용했다는 사실에서 비롯했다. 죄인이 책임자 자리에 앉으면 죄가 그의 리더십을 오염시킨다. 예외 없이 그렇게 된다. 또한 하나님의 은혜로 권위를 올바로 사용한 선한 리더들도 하나같이 완벽하지는 못했다. 권위와 권력의 남용, 유독한 리더십, 독재는 하나님이 본래 선하게 계획하신 권위와 복종의 시스템을 헝클어뜨렸다. 권위와 복종은 정부와 교회, 가정에 유익한 시스템이다. 하지만 윗사람이 권위를 남용하면 복종해야 하는 사람들이 고통을 겪는다. 그로 인해 복종하기가 점점 더 두려워진다.

누군가가 자신이 모든 권위와 전통을 초월한다고 주장하면 하나님의 뜻에서 벗어난 길을 걷는 사람이라고 단정 지어도 좋다. 권위는 나쁜 것이 아니다. 단지 권위의 '남용'이 나쁠 뿐이다. 하나님께서는 우리를 이끌고 보호하기 위해 제도와 권위를 주셨다. 따라서 우리는 특정한 이성과 사귈지 고민할 때 권위와 복종에 관한 그의 평판을 살펴야 한다. 그가 윗사람에게 기꺼이 복종하는가? 그가 교회 리더들의 지도를 기꺼이 따르는가? 그가 목사에게 순종하는가? 그가 자신보다 나이가 많은 사람들을 어떻게 대하는가?

또한 사귀고 싶은 사람이 자신의 권위만을 내세우는지 유심히 살피라. 그가 올바른 권위 아래서 분란을 일으키는지 번영하는지 보라. 잘 모르겠는가? 혹은 그의 주변에는 윗사람이 아무도 없는가? 그렇다면 그 관계에 브레이크를 밟는 것이 현명할 수 있다.

스스로 신처럼 사는 여자는 잘못을 지적하는 말을 들을 줄 모른다. 리더들에게 기꺼이 복종하지 않는 남자는 자신의 집에서 겸손한 권위를 발휘할 수 없다. 리더들에게 반항하는 여자는 자신의 집에서 아름다운 순종의 미덕을 발휘할 리가 만무하다.

아가서 1장을 계속해서 보면, 5-6절에서 특이한 뭔가를 발견할 수 있다.

예루살렘 딸들아 내가 비록 검으나 아름다우니 게달의 장막 같을지라도 솔로몬의 휘장과 같구나 내가 햇볕에 쬐어서 거무스름할지라도 흘겨보지 말 것은 내 어머니의 아들들이 나에게 노하여 포도원지기로 삼았음이라 나의 포도원을 내가 지키지 못하였구나.

이 두 구절은 다소 복잡하지만 기본적으로 여인은 검은 피부에 대한 열등감을 드러내고 있다. 여인은 바깥 활동이 잦아 피부를 가꿀 시간이 없었다고 한탄하고 있다. 그녀가 밖에서 무엇을 했을까? 가족이 운영하는 포도원을 돌보았던 것이 분명하다. 일부 성경학자들은 그녀에게 노한 "어머니의 아들들"이 햇볕에 그을린 피부 때문에 그녀에게 구애하지 않은 가문의 오빠들이라고 주장한다. 그렇다면 그녀의 말은 이렇게 해석할 수 있다. "내가 미모를 가꾸지 않고 밭에서 열심히 일한 탓에 다른 남자들은 아무도 내게 눈길을 주지 않았다."

어떤 경우든 우리는 이 여인의 인격에 관한 두 가지 중요한 사실을 발견할 수 있다. 첫째, 그녀는 무상한 아름다움보다 가족의 필요를 먼저 챙긴 부지런한 일꾼이었다. 둘째, 그녀는 자신의 외모에 대해 겸손한 모습을 보였다.

헌신의 증거를 찾으라

대학에서 목회를 할 때 느낀 점 중 하나는 전공이나 운동, 교회 활동, 사는 곳, 친구들까지 모든 면에서 진득한 학생들이 별로 없다는 것이었다. 많은 학생들이 항상 한결같지 못한 모습을 보였다. 학기가 끝날 때마다 어떤 학교로 편입할지, 어떤 새로운 전공을 시도할지, 어떤 새로운 아르바이트에 관심이 있는지가 주된 대화의 주제였다. 이 학생들은 뭐든 한 학기만 지나면 흥미를 잃었다. 그래서 틈만 나면 더 좋은 것, 새로운 것을 찾아 나섰다. 그들에게는 언제나 다른 사람의 떡이 더 커 보였다. 그렇게 진득하니 한 곳을 지키지 못하는 탓에 그들은 서로를 깊이 아는 기쁨을 맛보지 못했다.

아가서 1장 7절은 이렇게 말한다. "내 마음으로 사랑하는 자야, 네가 양 치는 곳과 정오에 쉬게 하는 곳을 내게 말하라."

여기서 "마음으로 사랑"은 상대방에 대한 헌신을 말한다. 그가 어디서 양을 치든, 그가 어디서 양을 쉬게 하고 먹이를 주던지 여인은 그곳에 함께 있기를 원했다. 이 구절에서 우리는 헌신의 마음을 엿볼 수 있다.

처음 누군가에게 끌릴 때 섣불리 다가가서는 안 된다. 먼저 그가 헌신할 줄 아는 사람인지를 확인해야 한다. 아가서의 여인은 사랑하는 사람의 초장에 헌신하기를 원했다. 그녀는 틈만 나면 한눈을 파는 바람둥이가 아니었다.

육체적으로 끌리는 사람이 생기거든 그의 삶 속에서 헌신의 증거를 찾으리. 한 교회에 등록해서 꾸준히 다니고 있는가? 오랜 친구들이 있는가? 가족들과의 관계는 어떠한가?

무엇보다도 한 교회에 오래 다녔는지가 중요한 판단 기준이 아닐까 싶다. 그것은 세상에 완벽한 교회가 없고 오늘날에는 동네마다 교회가 넘쳐나기 때문이다. 교회 안에는 죄인들이 가득하다. 그래서 교회 안에도 문제가 끊일 날이 없다. 따라서 오랫동안 한 교회에 다녔다는 것은 최소한 자기 마음에 들지 않을 때마다 철새처럼 옮겨 다니지는 않았다는 뜻이다. 그것은 문제가 생길 때마다 도망가지 않고 헤쳐 나가려고 노력했다는 증거다.

한 곳에 뿌리를 내리지 못하고 늘 '더 좋은' 친구나 교회, 취미 등을 찾아 헤매는 사람은 경계해야 마땅하다. 한 곳에 깊이 뿌리를 내린 사람, 최소한 그렇게 할 수 있는 사람을 찾아야 한다. 물론 젊은 시절에는 학교나 직장을 옮길 일이 자주 생길 수 있다. 하지만 그렇다 해도 뭔가 깊은 헌신의 증거가 있는가? 헌신의 증거가 보이지 않는다면 그와 진지한 관계로 발전하는 것에 대해 한 번 더 생각해볼 필요성이 있다.

성경은 육체적인 매력보다 더 깊이 들어가라고 가르친다. 또한 육체적 매력을 판단하는 우리의 기준은 세상 문화에 많이 오염이 되어 있다. 따라서 성적인 끌림이나 육체적인 쾌락보다 헌신적인 관계를 추구하는 것이 더 현명하다. 헌신적인 관계는 단순히 육체적인 관계보다 더 깊은 차원의 기쁨을 낳는다.

서로에 대한 육체적인 끌림만 있고 깊은 우정이 없다면 결국 불행해질 수밖에 없다. 반면, 서로에 대한 깊은 우정이 있다면 육체적 끌림은 중요하지 않다. 오히려 시간이 갈수록 덜 중요하다.

영화 〈캐스트 어웨이〉(Cast Away)는 우정에 대한 인간 본연의 갈망을 설득력 있게 그려냈다. 주인공 척 놀랜드(Chuck Noland)는 비행기 사고를 당한다. 그는 가까스로 목숨을 건지기는 했지만 무인도에 갇히고 만다. 외로움에 지쳐가던 그는 해변에 떠다니는 농구공 하나를 발견하고는 거기에 얼굴을 그리고 매일같이 그 농구공과 대화를 나눈다.

놀랜드는 외로운 무인도에서 몇 년간 버티다 자살까지 시도했지만 결국 뗏목을 지어 무인도 탈출을 시도한다. 다행히 출발은 순조로웠고 거대한 풍랑도 이겨냈다. 그런데 이튿날 바다가 잠잠해졌을 때 그가 윌슨(Wilson)이라고 이름 붙여 친구로 삼은 농구공이 뗏목에서 떨어지고 만다. 그는 유일한 '친구'를 잃은 고통에 대성통곡을 한다. 개인적으로 그 장면이 영화 전체에서 가장 감동적이었다. 이 짧은 장면을 통해 로버트 저메키스(Robert Zemeckis) 감독은 모든 인간의 마음속에 있는 우정의 욕구를 적나라하게 드러냈다. 단순한 성적 만족이나 '끌림'에 대한 욕구 위에 있는 인간 본연의 욕구를 이보다 더 아름답고도 감동적으로 그린 장면이 또 있을까 싶다. "사람이 혼자 사는 것이 좋지 아니하니"(창 1:8)라는 말씀이 참으로 옳은 말씀이다.

물론, 궁극적으로 하나님의 자녀에게 완벽한 우정을 선사하시는 분은 예수님이시다. 요한복음 15장 15절에서 그분은 말씀하셨다. "이제부터는 너희를 종이라 하지 아니하리니 … 너희를 친구라 하였노니."

그분을 통해 우리는 교회 안에서의 형제자매에 대한 헌신이 심지어 결혼과 성적 만족이라는 선물보다도 훨씬 더 귀하다는 사실을 깨닫는다. 결혼이란 제도와 성은 결국 지나가지만(마 22:30을 보라) 친구로서, 아니 가족으로서 성도들에 대한 우리의 헌신은 영원히 사라지지 않을 것이다.

사귀고 싶은 사람이 헌신할 줄 아는 사람인가? 육체적인 매력도 좋지만 그것은 영원하지 않다. 장기적인 측면에서는, 헌신할 줄 아는 능력이 훨씬 더 중요하다.

온전한 화해와 치유

헌신하는 능력과 고난을 견뎌내는 능력은 동전의 양면과도 같다. 힘든 순간을 어떻게 지나가는가를 보면 그 사람의 '헌신 능력'을 가늠할 수 있다.

헬렌 켈러(Helen Keller)는 이런 말을 했다. "인격은 편안하고 고요한 시절에 기를 수 있는 것이 아니다. 오직 시련과 고난을 통해서만 영혼이 강해지고 야망을 얻고 성공을 거둘 수 있다." 야고보도 비슷한 말을 했다.

> 내 형제들아, 너희가 여러 가지 시험을 당하거든 온전히 기쁘게
> 여기라. 이는 너희 믿음의 시련이 인내를 만들어 내는 줄 너희
> 가 앎이라. 인내를 온전히 이루라. 이는 너희로 온전하고 구비
> 하여 조금도 부족함이 없게 하려 함이라(약 1:2-4).

만사가 뜻대로 풀릴 때는 누구나 사람 좋은 모습을 보인다.
평온한 일상이 깨지고 일이 뜻대로 풀리지 않을 때 비로소 사람의
인격이 적나라하게 드러난다.

배신이나 가족의 위기, 친구들끼리의 논쟁에 대해 상대방이
어떤 반응을 보이는가? 스트레스를 받거나 아프거나 짜증이 나거
나 피곤할 때 그가 어떻게 행동하는가? 물론 완벽을 찾자는 것은
아니다. 힘든 상황에서도 완벽히 복음과 일관된 모습을 보일 수 있
는 분은 오직 예수님밖에 없다. 우리 모두는 죄인이다. 그래서 언제
라도 경건하지 못한 반응을 보일 수 있다. 하지만 그가 힘든 순간에
실수를 했다가도 이내 마음을 고쳐먹고 죄를 회개하는가? 옳지 못
한 반응에 대해 회개하고 용서를 구하는가? 그가 화를 잘 내는가?
교회에서 리더를 뽑을 때 특별히 성미가 급한 사람들을 배제하는
데는 다 이유가 있다(딛 1:7을 보라).

힘든 순간에 대외적인 이미지에 틈이 생기고 그 틈으로 진짜

모습이 보인다. 시도 바울은 고린도후서 4장에서 고난에 관해 이렇게 말했다. "우리가 이 보배를 질그릇에 가졌으니 이는 심히 큰 능력은 하나님께 있고 우리에게 있지 아니함을 알게 하려 함이라."

고난 중에 깨져 내용물을 다 쏟아내는 연약한 그릇. 우리가 고난 중에 깨지면 우리 안에 있는 진짜 보물(우리가 예배하는 대상)이 드러난다. 바울의 말을 계속해서 들어보자.

우리가 사방으로 우겨쌈을 당하여도 싸이지 아니하며 답답한 일을 당하여도 낙심하지 아니하며 박해를 받아도 버린 바 되지 아니하며 거꾸러뜨림을 당하여도 망하지 아니하고 우리가 항상 예수의 죽음을 몸에 짊어짐은 예수의 생명이 또한 우리 몸에 나타나게 하려 함이라(고후 4:8-10).

인간인 이상 힘든 일을 겪으면 슬프거나 아파하는 것은 당연한 일이다. 하지만 그런 상황을 다루는 모습은 천차만별이며, 그 모습에 따라 그리스도를 최고의 보물로 삼은 사람인지 자신을 신으로 삼아 권리의식으로 살고 안위를 추구하는 사람인지가 판명이 난다.

마음에 둔 사람이 있다면 그가 이 타락한 세상의 현실을 어떻게 다루는지 보기 전까지는 '친구의 선'을 넘지 않는 것이 현명하다. 이 세상의 타락한 현실을 피할 길이 없기 때문이다. 특히, 매일 살

을 비비며 사는 부부 사이에서는 더욱 그런 현실을 자주 목격하게
된다. 한 사람을 평생의 배우자로 삼는 것은 두 죄인과 예수님 사이
의 신성한 연합 속으로 들어가기로 동의하는 것이다. 두 죄인이 오
랫동안 함께 살아가면 인간이 얼마나 악한지를 절감하게 된다. 그
래서 팀 켈러는 다음과 같이 말했다. "결혼생활은 우리의 삶 속을
질주하며 우리의 흠을 드러내고 어리석은 반응을 보인 것에 부끄
럽게 만드는 맥 트럭이다."[8] 그렇다. 때로는 결혼생활 자체가 우리
의 진짜 예배 대상을 드러내는 '고난'이다.

상대방이 평판이 좋지 않고 경건하지 않으며 헌신할 줄 모르
고 고난을 잘 다루지 못한다는 사실을 확인한 뒤에도 여전히 그에
게 끌리는가? 그렇다면 그 이유를 진지하게 고민해 보라. 인격이
형편없는 사람과 사귀고 심지어 결혼까지 하고 싶은 이유가 무엇
인가? 아름다운 외모에만 넋이 나간 것은 아닌가? 영원하지 않은
것에 가치를 두고 있는 것은 아닌가?

그렇다 해도 아직 소망이 있다. 내가 이 책을 쓰면서 우려한
점 중 하나는, 많은 사람이 아가서의 지혜를 듣고 자책감에 빠져 용
기를 잃지 않을까 하는 것이었다. 그래서 고백과 회개로 부르는 복
음의 메시지가 우리의 시선을 예수님께 고정시킴으로써 죄책감과
수치심을 없앴다는 점을 되새기면서 각 장을 마무리하고자 한다.
우리는 사무엘하 11장에서 성경에서 가장 추악한 관계 중 하나를
목격하게 된다. 밧세바가 목욕하는 모습을 본 다윗은 그 아름다움

에 넋이 나가 앞뒤 따지지 않고 그녀에게 사람을 보냈다. 다윗은 남의 아내를 탐했고, 자신의 권한을 남용해 그녀를 데려와 간음을 저질렀다.

그것으로도 모자라 다윗은 밧세바의 남편 우리아를 목숨이 위태로운 최전선으로 보냈다. 그로 인해 우리아는 전사했고, 다윗은 살인의 죄까지 저질렀다. 죄에 죄가 더해진 뒤에 그는 밧세바를 아예 아내로 삼았다.

하지만 사무엘하 12장에서 나단이 잘못을 지적하자 다윗은 양심의 가책에 못 이겨 눈물을 쏟아냈다. 그렇게 그는 하나님 앞에서 죄를 회개했다. 비록 하나님에 대한 반역으로 온갖 대가가 따랐지만(삼하 12:10-12, 14절을 보라) 다윗은 하나님께 용서를 받고 여전히 그분의 마음에 합한 사람으로 불렸다(행 13:22를 보라). 정욕과 간음, 기만, 살인의 죄를 저지른 남자. 명백히 드러난 죄만 이 정도다. 그런데 이런 남자가 결국 하나님의 마음에 합한 사람이란 칭호를 얻었다는 것은 다윗의 위대함이 아니라 하나님의 위대하심을 보여주는 증거다.

예수 그리스도의 십자가를 이길 수 있는 죄는 없다. 과거와 현재, 미래의 모든 죄는 십자가를 덮을 수 없다. 지금 어떤 과거가 당신의 삶에 어두운 그림자를 드리우고 있는가? 어떤 죄책감이 당신을 괴롭히고 있는가? 당신은 기억해야 한다. 아직 구속의 손길이 미치지 못할 만큼 멀리 가지 않았다. 예수 그리스도 안에서는 언제나 온전한 화해와 치유가 가능하다. 죄를 전혀 모르셨던 분이 우리의 죄를 짊어지고 십자가에 달리셨기 때문에 우리가 그분의 완벽한 의를 입고 완벽한 의인으로 아버지 하나님 앞에 설 수 있게 되었다.

하나님은 우리의 사랑스럽지 못한 모습을 다 보셨다. 그분은 우리 마음속에 그득한 타락과 반역을 다 보시고도 몸을 돌리지 않고 오히려 더 가까이 다가오셨다. 그분은 우리를 향한 열렬한 사랑으로 이 죄인들과 영원한 언약을 맺어 주셨다. 거룩한 신랑 예수 그리스도께서 우리를 흠 없는 신부로 영원히 확정지으셨기 때문에 우리는 위험과 고난이 가득한 이 세상을 당당하게 살아갈 수 있다.

2장

설레는 연애

때가 될 때까지 사랑을 키우지 마라

지금까지 우리가 아가서에서 살핀 것은 '끌림'이라고 하는 고민과 상상의 단계다. 여인은 솔로몬을 보고 반했다. 이 끌림은 상호적이었다. 그 다음에는 두 사람이 서로의 인격을 살피고 어떤 연애 관계가 펼쳐질지를 상상하기 시작했다. 여기에는 서로의 끌림이 순전히 육체적인 차원인지, 그리고 상대방의 인격에 대한 처음의 판단이 정확했는지를 확인하기 위해 함께 시간을 보내는 과정이 포함되었다.

우리는 누군가에게 끌려본 적이 있다. 첫눈에 반해 매일 보고 싶은 느낌에 대하여 알고 있다. 우리는 그 사람과 더 깊은 관계로 발전하고 싶을 때 함께 어울릴 방법을 찾기 시작한다. 또한 상대방이 어떻게 살아가는지를 유심히 관찰한다. 어리석은 사람이 아니라면 한 번에 마음을 모두 주지는 않는다. 대신, 인내심과 분별력을 발휘하려고 애쓴다.

우리가 지금까지 살핀 아가서에서는 아직 '연애'나 '구혼'으로 부를 만큼 본격적인 만남을 볼 수 없다. 대신, 본격적으로 사귈지 타진하는 모습을 볼 수 있다.

사귀고 싶은 사람의 평판이 좋고 당신에게 헌신하려는 마음과 인내심이 엿보이는가? 어려운 시절을 인격과 지혜로 헤쳐 나가는 모습을 곁에서 지켜봤는가? 그렇다면 이제 그 사람과 더 깊은 단계로 들어갈지 진지하게 고민하는 것도 나쁘지 않다. 아가서 1장에서는 그런 고민이 시작된다.

> 내 마음으로 사랑하는 자야, 네가 양 치는 곳과 정오에 쉬게 하는 곳을 내게 말하라 내가 네 친구의 양 떼 곁에서 어찌 얼굴을 가린 자 같이 되랴(아 1:7).

여인은 상대방에 대하여 단순히 육체적인 끌림에서 벗어나 인격에 대한 믿음으로까지 나아갔다. 이제 그녀는 솔로몬에게 어디로 갈 것이냐고 묻는다. 그것은 그곳에 함께 가기 위함이다!

아직 결혼을 하지 않은 사람이라면 이런 질문을 던지기가 얼마나 힘든지 잘 알 것이다. 게다가 앞서 살폈듯이 이 여인은 외모에 대한 열등감까지 있는 사람이다. 하지만 그녀는 과감하게 묻는다. 좀 더 의미 있는 만남을 원했기 때문이다. 당연한 말이지만, 관계가 이런 식으로 발전하는 것은 지극히 자연스러운 일이다. 이 단계를 연애 단계로 부를 수 있다.

솔직히 말해 보자. 이 시대의 연애는 문제가 많다. 요즘 연애는 마치 중고차를 파는 것과도 같다. 많은 중고차업자는 판매에 도움이 되지 않는 부분은 숨기고 판매에 도움이 되는 부분은 과장광고를 한다. 그렇다면 요즘 연애에서 판매에 가장 도움이 되는 것은 무엇일까? 바로 성(性)이다. 요즘 연애는 자신의 흠 많은 진짜 모습을 숨기고, 배우자를 위해 끝까지 남겨 둬야 할 것을 선전하는 판매 행위처럼 변질되었다. 몇 십 년 사이에 상황이 크게 변했다. 인간들의 못 말리는 정욕은 어제 오늘의 얘기가 아니지만 요즘 연애에서는 성이 그 어느 때보다도 중요해 졌다. 심지어 성이 목적이 되어버렸다.

예전에는 마음이 맞는 이성을 찾겠다는 생각으로 연애 관계가 시작되었다. 두 사람이 먼저 데이트를 통해 함께 시간을 보내며 서로를 알아가고, 나중에 가서야 단 둘이 만나기 시작했다. 이것이 몇 십 년 전의 연애 모습이었다. 하지만 전통적인 연애는 점점 보기 드물어지고, 하룻밤 관계의 문화가 그 자리를 대신했다.

기술의 발전으로 사람들의 만남이 쉬워지긴 했지만 번갯불에 콩을 볶아 먹는 듯 이루어지는 요즘의 연애는 사실상 연애라고 말할 수도 없다. 그릇된 관계를 부추기는 잡지와 책, 영화, 블로그가 인간 본연의 정욕에 불을 지피는 바람에 '하룻밤 관계'가 급속도로 확산되고 있다. 하룻밤 관계(hooking up)란 "주로 전혀 모르거나 안 지 얼마 되지 않은 사람들끼리의, 성교가 포함되거나 포함되지 않은 성적 관계"를 의미한다.[1] 이것은 남녀가 오로지 섹스만을 목적으로 피상적인 관계를 추구하는 것이다.

이런 만남에 대한 통계를 보면 입이 떡 벌어진다. 한 연구에 따르면 여대생들의 77.7퍼센트가 '하룻밤 관계'를 인정했다.[2] 이는 그들이 전혀 모르거나, 잘 모르는 남성과 오로지 육체적 만족만을 위해서 관계를 맺었다는 뜻이다. 남성의 경우에는 수치가 더 올라가 84.2퍼센트였다.[3]

성에 관한 하나님의 말씀으로 볼 때 가벼운 성적 관계만큼 인간의 영혼에 해를 끼치는 것도 없다. 하룻밤 관계의 문화는 이 사회가 혼란과 타락에 빠졌다는 또 다른 증거다. 이 사회는 육체적 만족과 섹스를 성경의 기준 이상으로 격상시키고 남용하고 있다. 일시적인 쾌락의 제단 위에서 참된 만족과 기쁨이 제물로 바쳐지고 있다. 그렇게 해서 남는 것은 심신의 만신창이와 후회뿐이다.

올바른 신앙을 가진 그리스도인들이라면 요즘 젊은이들이 이전 세대보다 더 조심해서 연애를 해야 한다는 점에 동의할 것이다.

이성을 사귀려는 신자들은 그 어느 때보다도 마태복음 10장 16절에 기록된 예수님의 말씀을 기억해야 한다. "보라. 내가 너희를 보냄이 양을 이리 가운데로 보냄과 같도다. 그러므로 너희는 뱀 같이 지혜롭고 비둘기 같이 순결하라."

당신이 이런 지혜와 순결함을 갖출 수 있도록 이제부터 연애에 관한 중요한 문제 몇 가지를 다루고자 한다. 현재 관심을 둔 사람과 연애 관계로 발전하려는 중이라면 다음과 같은 문제를 반드시 고려해야 한다.

자신의 감정에만 사로잡히지 말라

아가서 1장 7절에서 여인은 솔로몬에게 자신도 따라갈 수 있도록 어디로 가는지 말해 달라고 말한다. 8절에서 솔로몬의 대답을 보자. "여인 중에 어여쁜 자야, 네가 알지 못하겠거든 양 떼의 발자취를 따라 목자들의 장막 곁에서 너의 염소 새끼를 먹일지니라."

보다시피 솔로몬은 나중에 연락을 할 테니 귀찮게 하지 말라거나 바쁘다고 말하지 않았다. 대신 그는 자신을 찾아보라며 여인에게 관심을 보인다. 말할 필요도 없는 사실이지만 요즘 세상에서는 모르는 사람이 너무 많은 것 같아 말하자면, 연애는 '상호적'이어야 한다. 친구 사이에서 연인 사이로 넘어가고 싶다면 상대방도 똑같은 감정을 느껴야 한다. 나를 이성으로 생각하지 않는 사람을 스토커처럼 쫓아다니는 것은 옳지 않다. 나는 상대방이 관심이 없다는 의사를 분명히 표시했는데도 끈질기게 쫓아다니다가 결국 서로 매우 불편한 사이가 되는 꼴을 왕왕 보았다.

디모데전서 5장 2절은 남자들에게 자신보다 나이가 많은 여자들을 어머니로, 나이가 적은 여자들을 누이로 대하라고 명령한다. 당신에게는 누이가 있는지 모르겠지만 내게는 두 명이나 있다. 내 여동생들은 내가 졸업하고 타지로 떠날 때까지 한 번도 남자를 사귀지 않았다. 내가 떠난 뒤에야 사내 녀석들이 슬슬 모습을 드러내기 시작했다. 마치 내가 사라지기만 기다렸다는 듯이 말이다. 참, 내가 집에 있을 때도 친구 중 몇 명이 내 여동생에게 관심을 보이긴 했다. 한번은 브렌트(Brent)란 친구가 단도직입적으로 물었다. "야, 내가 네 여동생이랑 사귀어도 되겠냐?" 용기는 가상했지만 내 대답은 단호했다. "물론 안 되지. 절대 안 돼. 그 애 근처에도 얼씬거리지 마."

내가 여동생들을 과잉보호한 건지도 모르겠지만 전반적으로 우리는 모든 여자를 이렇게 대해야 한다. 돌봐야 할 누이로 말이다. 여자를 보호하고 격려하고 지켜야 진짜 남자다. 여자를 불안하게 만드는 일은 절대 없어야 한다. 여자를 압박하고, 불편해서 피하게 만드는 것은 옳지 않다. 여자가 싫다고 하면 더 이상 집적대지 말아야 한다. 여자를 대하는 남자의 태도는 언제나 정중해야만 한다.

여자도 마찬가지다. 마음에 드는 남자가 싫디는 의사를 분명히 표시했는데도 사귀지 않으면 죽겠다는 식으로 위협하거나 음란한 방법으로 유혹하는 것은 어리석은 짓이다. 그렇게 해서 잠시 그를 얻을 수 있을지는 몰라도 결국은 후회와 분노, 상처만 남는다. 그러니 그러지 마라.

친구 사이에서 더 발전하려면 서로의 마음이 같아야 한다. 상대방이 이성으로서 관심이 없다는 뜻을 분명히 밝히면 하나님께서 당신이 상상했던 것보다 더 좋은 사람을 예비해 놓으셨다는 사실을 믿고 기다려라.

물론 남에게 사랑을 강요하는 것이 잘못이라는 것을 모르는 사람은 거의 없다. 하지만 자신의 감정과 욕구에 사로잡혀 적정한 선을 넘어 서로의 마음을 다치게 하고 심지어 몸에도 지울 수 없는 상처를 입히는 사람이 얼마나 많은지 모른다. 때로 우리가 관심을 보였더니 상대방이 육체적으로 다가오는 경우도 있다. 따라서 우리는 단순히 우리의 관심에 반응하는 사람이 아니라 하나님께 영광이 되는 모습으로 다가오는 사람을 찾아야 한다.

서로를 세워 주는 관계

아가서 1장 9-10절에서 솔로몬은 자신의 의도를 더없이 분명히 표현하고 있다. "내 사랑아, 내가 너를 바로의 병거의 준마에 비하였구나. 네 두 뺨은 땋은 머리털로, 네 목은 구슬 꿰미로 아름답구나".

여자를 말에 빗대어 칭찬하다니 이상하지 않은가? 아가서를 읽다보면 좋아하는 사람에게 사용하라고 추천하고 싶지 않은 구절이 몇 개가 있다. 그 중에 하나가 이것이다. 좋아하는 여성에게 말을 닮았다고 말하는 것은 좀 그렇지 않은가? 하지만 여기서 분명 솔로몬은 여인을 더없이 칭찬하고 있는 것이다. 그는 여인의 열등감을 어루만지면서 그녀만큼이나 자신도 함께 있기를 원한다는 뜻을 분명히 내비치고 있다.

여기서 우리는 서로에 대한 관심뿐 아니라 감정적 정신적으로 서로를 북돋으려는 마음을 확인할 수 있다. 이것이 서로를 세워주는 관계의 첫 번째 증거다. 솔로몬의 말이 왜 칭찬인지 아는가? 그것은 바로의 말들은 하나같이 아라비아산 백마이기 때문이다.

우리 집 첫째 딸은 말을 탈 줄 안다. 이 아이에게는 집시(Gypsy)라는 이름의 갈색 쿼터 호스(quarter horse)가 있다. 그런데 집시가 있는 마구간에는 토이(Toi)란 이름의 아라비아산 백마도 있다. 토이의 화려함은 눈이 부실 정도다. 가족과 함께 마구간에 가거나 목장을 지날 때 나는 집시를 잘 찾지 못한다. 집시 외에도 갈색 쿼터 호스가 열 마리가 넘게 있기 때문이다. 그 말들 사이에서 집시를 찾기는 쉽지 않다. 하지만 토이는 항상 눈에 들어온다.

토이는 나머지 말들과 확연히 다르다. 토이는 흔한 말이 아니다. 새하얀 아름다움은 멀리서도 한눈에 알아볼 수 있을 정도다. 솔로몬은 여인에게 다음과 같이 말하는 것이다. "당신만 눈에 들어온다오. 당신 밖에 아무것도 보이지 않소. 당신은 다른 여인들과 차원이 다르오. 내 눈에는 오직 당신만 보인다오. 당신은 특별하오. 내 시선을 확 사로잡는구려. 당신에게 주체할 수 없이 끌리는구려. 당신은 다른 여인들과 뭔가 다르오."

이 말이 자신감을 잃은 영혼에게 얼마나 큰 힘이 될까? 솔로몬과 여인의 관계는 서로를 세워 주는 관계였다. 솔로몬은 여인의 열등감을 이용하지 않고 격려하고 인정해 주었다.

우리 마음속에는 우리를 속속들이 알고도 사랑해 주는 누군가에 대한 깊은 갈망이 있다. 솔로몬은 여인의 이러한 갈망을 시원하게 채워 주었다. "당신이 무엇 때문에 열등감을 느끼는지 알고 있소. 하지만 내 눈에 당신은 누구보다도 매력적이오. 당신을 보기만 해도 즐겁소." 둘의 관계는 서로를 세워 주는 관계였다.

지금 마음을 준 사람과의 관계가 당신을 비참하게 만들고 있는가? 감정적으로 정신적으로 당신의 진을 빼놓고 있는가? 그 사람을 만날 때마다 혼란스럽고 눈물이 쏟아지는가? 그렇다면 하루라도 빨리 그 관계를 정리하는 편이 현명하다. 당신을 지치게 만들거나 깔아뭉개거나 의도가 불분명하거나 당신을 갖고 놀려는 의도가 다분하면 브레이크를 밟기를 바란다. 이런 관계는 시간이 지나도 나아지지 않는다. 오히려 더 나빠질 뿐이다. 익숙해진다고 해서 더 좋은 행동이 나오는 것은 아니다. 편해져서 긴장이 풀리면 오히려 나쁜 행동이 튀어나오기 마련이다. 처음 사귀기 시작할 때는 누구나 상대방에게 좋은 인상을 주기 위해 최선의 행동을 보인다. 따라서 서로 마음을 열기 시작할 단계의 '최선의 행동'이 엉망이라면 최악의 행동은 어느 정도일지 생각만 해도 아찔하다.

경건한 친구들의 인정

아가서에서 다음으로 나타나는 것은 이 연인 관계에 대한 '남들'의 축하와 기쁨이다. "우리가 너를 위하여 금 사슬에 은을 박아 만들리라"(1:11).

이 커플의 친구들은 두 사람이 가까워지는 것에 우려와 걱정이 아닌 환호로 반응했다. 이성을 사귈 때 가장 어리석은 모습 중 하나는 경건한 친구들이 극구 말리는 사람을 사귀는 것이다. 예전에 우리 교회에 다니는 아리따운 한 여자 청년이, 가끔 교회에 얼굴을 비치기는 하지만 주님을 향한 진정한 사랑도 삶 속의 열매도 보이지 않는 남자 청년과 친하게 지내기 시작했다. 이 남자는 유머 감각이 뛰어나고 회사에서도 두각을 나타내고 있었다. 이 여자 청년의 친구들은 두 사람의 관계가 심상치 않다는 사실을 알고서 미지근한 신앙의 소유자가 아니라 그녀를 진정으로 사랑하고 섬기며 신앙의 본을 보여 줄 수 있는 신실한 남자를 만나야 한다고 조언을 했다. 하지만 그녀는 친구들의 조언을 무시하고 그 남자와 사귀기 시작했다.

친구들이 다시 한 번 충고를 했지만 이번에도 그 여자 청년은 들을 생각을 하지 않았다. 그리고 이번에는, 열심히 노력하면 그 남자를 변화시킬 수 있다며 그 관계를 지지해 주는 다른 친구들과 어울리기 시작했다.

두 사람이 사귄 지 얼마 있지 않아 그녀는 넘지 않겠다고 다짐했던 선들을 차례로 넘기 시작했고, 어느새 둘의 관계는 순전히 육체적인 관계로만 전락했다. 유독한 관계가 8개월쯤 지속되던 어느 날, 그녀는 남자가 바람을 피운다는 사실을 알고서 하늘이 무너지는 고통을 느꼈다. 자신이 너무도 어리석고 수치스럽게 느껴졌다. 그녀는 억지로 몸을 일으켜, 자신에게 경고했던 친구들을 찾아갔다. 그런데 "내가 뭐라고 했어?" 혹은 "처음부터 내 말을 들었으면 좋았잖아!"라고 말할 줄 알았던 친구들이 뜻밖에도 은혜와 공감, 연민으로 그녀를 보듬어 주었다. 아직도 상처가 얼얼했지만 그녀는 치유를 위한 안전한 피난처를 찾았다.

잠언 12장 15절은 이렇게 말한다. "미련한 자는 자기 행위를 바른 줄로 여기나 지혜로운 자는 권고를 듣느니라." 함께 살아가는 사람들, 희로애락을 함께 해온 사람들, 당신을 위해 늘 기도하는 사람들, 당신을 격려하고 소중한 조언을 해 주는 사람들, 그들이 당신의 연애 관계에 대해 뭐라고 말하는가? 그들이 기뻐하는가? 아니면 걱정스러운 표정으로 쳐다보는가? 물론 당신의 삶이니 당신 마음대로 살겠다면 할 말이 없지만, 하나님은 당신을 지원하고 보호하기 위한 선물로 이 사람들을 주신 것이다. 경건한 친구들과 가족들, 특히 교회의 목회자와 장로 같은 영적 리더들은 우리가 보지 못하는 것, 때로는 우리가 보지 않으려고 하는 것을 보고 귀중한 조언을 해줄 수 있다. 우리를 진정으로 사랑하고 우리가 그리스도와 동행하기를 진정으로 바라는 사람이라면 문제가 있는 관계에 대해서 솔직하게 말해 줄 것이다. 그러니 그들을 찾아가 그들의 의견과 조언에 귀를 기울이라.

그들이 그 관계를 지지하지 않는다고 해서 지지해 줄 다른 사람들을 찾으려고 하지 마라. 옳지 못한 관계를 지지하는 사람들은 그저 당신이 듣기 원하는 말을 해 주는 것일 뿐이다. 그러니 신실한 사람들의 조언에 따라 그 사람과 친구로만 지내고 그 이상의 관계로는 나아가지 마라.

상대방을 얼마나 생각하는가?

아가서 1장 12-14절은 다소 난감하다. 이 구절은 에로틱하고 관능적이다. 실제로 이런 분위기를 자아내는 면이 없지 않지만 자세히 보면 전혀 노골적이지 않다. 여인은 이렇게 말한다. "왕이 침상에 앉았을 때에 나의 나도 기름이 향기를 뿜어냈구나. 나의 사랑하는 자는 내 품 가운데 몰약 향주머니요 나의 사랑하는 자는 내게 엔게디 포도원의 고벨화 송이로구나."

여인은 침대에 누워 솔로몬을 생각하고 있다. 성적인 공상에 빠진 게 아니라 단지 연인을 생각하고 있을 뿐이다. 솔로몬 당시에 부유층 여인들은 마치 향수와 같은 나드라고 하는 작은 가죽 주머니에 향기로운 것을 채워 목에 두르고 다녔다. 12-14절에서 여인은 솔로몬이 자기 목에 두른 향수와 같다고 상징적으로 말한 것이다. 실제로 솔로몬이 자기와 나란히 침대에 누워서 자신의 젖가슴 사이에 얼굴을 묻고 있다고 말한 것이 아니다. 솔로몬이 자신의 삶과 영혼을 향해 '향기'를 불어 주는 존재라고 말한 것이다. 솔로몬을 생각하면 꽃이 만발한 포도원을 거닐며 마음껏 향기를 들이마시는 것처럼 행복해진다고 말한 것이다.

바로 직전에 솔로몬은 여인에게 너무도 아름답다는 고백을 했다(1:8-10을 보라). 여인은 그 달콤한 속삭임에 황홀해진 상태다. 지금 두 사람은 로맨틱한 공상 속에서 서로의 얼굴을 떠올리고 있다. 두 사람은 떨어져서도 하루 종일 서로에 대한 생각뿐이다.

이 구절에서 얻을 수 있는 중요한 교훈 가운데 하나는, 두 사람이 똑같이 상대방을 자주 생각하지 않으면 그 관계는 이미 죽은 관계라는 것이다. 나는 쓰라린 경험을 통해 이 점을 절실히 깨달았다. 좀 창피한 이야기지만 한번 들어보라.

대학에 다닐 때 내가 정말 좋아하는 여자애가 한 명 있었다.

하지만 어디까지나 '친구'로 좋아했을 뿐이었다. 우리는 매일같이 붙어 다녔다. 그 애는 예쁘고 신앙도 좋았다. 하지만 이성적으로 끌리지는 않았다. 문제는, 그 애는 나와 친구 사이로만 만족하지 않았다는 것이다. 결국 어느 날 그 애가 내게 고백을 했다. "고백할 게 있어. 너를 좋아해. 너는 나를 여자로 보지 않는 것 같지만 내 눈에는 네가 남자로 보여. 더 이상 친구로만 지내지는 못하겠어."

그때 나는 어리석고도 비겁한 반응을 보였다. 그 애를 잃기 싫어서 사귀자고 제안을 한 것이다. 하지만 아무리 노력해도 그 애가 여자로 보이질 않았다. 3일 동안 지방에 갔을 때 그것을 확실히 느꼈다. 3일 내내 그 애 생각이 거의 나지 않았던 것이다. 결국 그 애에게 전화를 걸긴 했지만 보고 싶어서가 아니라 의무감 때문이었다.

그 여자 애는 사귀는 것도 아니고 사귀지 않는 것도 아닌 애매한 관계를 원치 않았다. 나에 대한 그 애의 마음은 진짜였다. 내가 3일 동안 머물렀던 호텔로 편지가 날아오고, 집에 도착했을 때 내가 좋아하는 사탕 선물이 배달되어 있는 것을 보고 정신이 번쩍 들었다. 그 애에게 너무 미안했다. 내가 정말 나쁜 놈처럼 느껴졌다.

우리는 불공평한 관계에 있었다. 나는 아무런 적극성도 보이지 않고 솔직히 마음을 고백하지도 않았다. 나는 늘 가만히 서 있고 매번 그 애가 내게 다가왔다. 계속해서 그런 식으로라면 그 애가 마음에 큰 상처를 입을 게 분명했다. 결국 나는 용기를 그러모아 그 애

에게 용서를 구하고 관계를 정리했다. 쓸쓸하기 짝이 없었다. 우유
부단함으로 인해 착한 애에게 상처를 주고 말았다.

그 애는 그녀가 생각하는 것만큼 그녀를 생각해 줄 사람을 만
나야 했다. 자신에게 무관심한 사람이 아니라 깊이 사랑해 줄 사람
을 만나야 했다. 딸들의 아버지요 한 여자의 남편이 된 지금, 그 일
을 생각할 때마다 그렇게 후회될 수가 없다.

그래서 당신에게 이렇게 말해 주고 싶다. 적극적으로 다가오
지 않는 사람과 사귀고 있다면 그 관계가 깨지는 것은 시간문제다.
매번 당신만 주고 상대방은 받기만 한다면 그 관계는 벼랑으로 향
하고 있는 것이다.

가슴에 손을 얹고 생각해 보라. 지금 만나는 사람을 자주 생
각하는가? 골똘히 생각하는가? 잠깐만 떨어져도 보고 싶은가? 둘
중 한 사람이라도 무관심하다면, 둘 중 한 사람이라도 뜨뜻미지근
하다면, 더 늦기 전에 친구 관계로 돌아가는 편이 현명하다.

안전과 순결

아가서 1장 16-17절에서 솔로몬은 이렇게 말한다. "나의 사랑
하는 자야, 너는 어여쁘고 화창하다. 우리의 침상은 푸르고 우리 집
은 백향목 들보, 잣나무 서까래로구나."

얼핏 특별한 의미가 없어 보이는 구절이지만 여기서 솔로몬

이 머릿속에 펼친 장면은 매우 중요한 교훈을 담고 있다. 이 구절은 연인과의 관계에서 반드시 주의해야 할 점을 이야기하고 있다.

자, 이제부터 무슨 말인지 설명해 보겠다. 그리스도 안에서 사랑을 키우는 연인들이라면 밤늦게 집에서 함께 영화를 보는 것이 얼마나 위험한 짓인지를 잘 안다. 상황은 간단하다. 남녀가 데이트를 하다가 문득 한 사람이 묻는다. "밤에는 뭐할까?" 그러자 상대방이 대답한다. "글쎄, 맛있는 거나 먹자." 뭔가를 먹고 나서 한 사람이 제안한다. "자기 집에 가서 영화나 보는 게 어떨까?"

솔직히 말해 보자. 밤늦게 남녀가 소파에 누워 영화를 볼 때 선하고 경건한 일이 일어날 리는 만무하다. 내가 알기로 그런 상황에서 남녀가 작품의 의미나 촬영 기법에 관해 토론한 경우는 인류 역사상 단 한 번도 없다. 조금씩 몸이 가까워지다가 이내 입이 붙고 손이 몸을 더듬다가 한 사람이 정신을 차리거나 둘 다 이성을 상실하기 마련이다.

하지만 솔로몬과 여인은 인간의 충동을 믿지 않을 만큼 현명했다. 그들은 서로에게 강하게 끌렸고 그 사실을 '분명히' 알고 있었다. 1장 16-17절을 보면 두 사람의 육체적 관계가 안전하고도 순결했다는 사실을 알 수 있다.

두 사람이 어디서 어울렸는지를 자세히 살펴보면 야외임을 알 수 있다. 솔로몬은 "우리의 침상은 푸르고"라고 말했다(1:16). 그렇다. 두 사람은 공원에 있었던 것이다. 그들은 사람들이 많은 곳에 있었다. "우리 집은 백향목 들보, 잣나무 서까래로구나"(1:17).

또한 사람들이 많은 곳을 데이트 장소로 정한 것은 솔로몬이다. 연인을 정욕의 장소로 억지로 끌고 가거나 유혹하는 것은 주로 남자들이다. 항상은 아니지만 대개는 그렇다. 하지만 여기서 솔로몬은 순결하고 안전한 관계를 주도하고 있다.

이성을 사귀다보면 육체적 친밀함의 욕구가 점점 강해지기 마련이다. 오해하지 마라. 이것은 절대 나쁜 것이 아니다. 이런 욕구를 느낀다고 해서 흉악하거나 변태적인 것은 아니다. 우리가 육체적 친밀함을 갈망하는 것은 하나님이 우리 안에 그런 욕구를 불어넣으셨기 때문이다. 욕구 자체는 나쁜 것이 아니다. 다만 결혼하기 전까지는 그 욕구를 자제해야 한다.

잊지 마라. 성을 창조하신 분은 하나님이시다. 하나님의 뜻은 우리가 성을 즐기지 못하게 막는 것이 아니라 온전히 즐길 수 있도록 이끄시는 것이다. 그러니 유혹의 자리에 가지 않도록 조심하라.

밤 10시. 집에 남녀가 단둘이 있다. 둘은 소파 위에서 부둥켜안고 영화를 보고 있다. 이것은 결코 의로 이어지지 않는다. 이것은 안전하지 않다. 데이트는 안전한 상황에서 이루어져야 하며, 남자가 알아서 여자의 순결을 지켜 주려는 모습을 보여야 한다. 남자들이여, 여자 친구가 당신의 손을 뿌리치거나 성에 관한 하나님의 계획을 장황하게 설명해야 할 때 얼마나 괴롭겠는가. 여자에게 그런 부담을 주지 마라. 성적 유혹에 빠질 만한 상황을 알아서 피하라.

미래의 약속

아가서 2장에서 여인의 선포가 계속된다. "나는 사론의 수선화요 골짜기의 백합화로다." 그러자 솔로몬은 이렇게 화답한다. "여자들 중에 내 사랑은 가시나무 가운데 백합화 같도다."

여기서 우리는 관계가 발전할수록 여인의 자신감이 커지는 것을 볼 수 있다. 여인은 혼란이나 의심 같은 것을 전혀 느끼지 않고 있다. 솔로몬의 태도에는 일말의 애매모호함도 없다. 솔로몬에 대한 여인의 믿음은 시간이 지날수록 점점 더 확고해지고 있다. 그녀는 그에게 불순한 의도가 있을까 조금도 걱정하지 않는다. 그가 접근하는 저의에 대해 고민하는 모습은 조금도 없다.

요즘 남녀의 사귐을 가만히 보면 여자의 마음을 농락하여 자존심을 무참히 짓밟는 남자들이 너무도 많다. 감정적으로 (그리고 육체적으로) 여자를 함부로 대해 자존감을 무너뜨리는 남자들이 얼마나 많은지 모른다. 하지만 솔로몬은 전혀 그렇지 않다. 솔로몬이 관계에 집중하고 마음을 다 주니 여인은 자신감과 안도감을 느낀다. 솔로몬의 사랑으로 여인의 마음은 한없이 부푼다.

두 사람은 밖으로 나가 사람들의 시선에 신경 쓰지 않고 데이트를 즐긴다. 솔로몬은 여인을 향해 아름답다는 말을 반복한다. 솔로몬은 자신의 감정과 의도, 사귀고 싶다는 마음을 분명하게 표현한다. 그래서 여인은 사실상 이렇게 말할 수밖에 없다. "당신의 눈에게는 내가 다른 어떤 여인보다도 아름다운 게 분명하군요. 이제

나는 당신의 여자고 당신은 나의 남자예요. 아, 너무나 행복해요."

태도를 분명히 하지 않는 사람에게 마음을 주는 것은 매우 위험한 일이다. 두 사람이 좀 더 진지한 단계로 나아가려면 명료함은 필수다.

3절을 보자. "남자들 중에 나의 사랑하는 자는 수풀 가운데 사과나무 같구나. 내가 그 그늘에 앉아서 심히 기뻐하였고 그 열매는 내 입에 달았도다." 두 사람의 관계는 안전하고 순결하며 명료할 뿐 아니라 편안하기까지 하다. 여인은 솔로몬의 품에서 긴장감이나 두려움이 아닌 편안함을 느낀다. 솔로몬이 여인에게 하는 말과 여인을 대하는 모습에서 그녀를 육체적, 감정적, 영적으로 보호하려는 마음이 강하게 묻어나온다. 그래서 여인은 안심할 수밖에 없다.

"그가 나를 인도하여 잔칫집에 들어갔으니 그 사랑은 내 위에 깃발이로구나"(4절). 여인은 솔로몬의 구애 방식에 깊은 감동을 받았다. 연인에게 잔칫집 같은 대접을 받는다고 상상해 보라. 솔로몬은 여인을 그만큼 극진히 대접했다. 두 사람의 관계 위로는 정욕이 아닌 사랑의 깃발이 나부끼고 있다. 이타적이고 희생적이며 영적인 사랑!

"그 사랑은 내 위에 깃발이로구나." 이는 솔로몬이 둘의 관계를 부인하지 않았다는 뜻이기도 하다. 솔로몬은 비밀 연애를 하려고 하지 않았고, 자랑스럽게 연인 관계임을 선포했다. 그는 "그냥 친구 사이일 뿐이야"라고 말하지 않았다. 그는 "다들 잘 봐. 이 여자가 내 여자야!"라고 공개 선포한 뒤에 SNS에 자신이 연애 중임을 만천하에 공개했다. 그래서 두 사람의 관계는 순조롭게 진행된다.

상대방이 당신과의 관계를 공개적으로 인정하지 않는다면 당신은 사실상 연애하고 있는 것이 아니다. 지금 그는 당신을 갖고 놀고 있을 뿐이다. 결국 마음에 큰 상처만 입게 될 것이다. 하지만 적절한 한계 안에서 점점 더 깊고도 진지한 관계로 발전해가면 서로를 향한 애정이 점점 더 충만해진다.

아가서를 읽을수록 결혼을 전제로 만나는 남녀에게 성적 욕구가 좋은 것임을 확신하게 된다. 서로에 대한 성적 욕구가 있다는 것은 결혼을 해서 자유로운 성적 표현이 가능해지면 건강한 성생활을 즐길 수 있다는 뜻이기 때문이다.

성경은 언제나 말을 돌리지 않고 솔직한 표현을 써서 좋다. 술람미 여인은 이렇게 말한다. "너희는 건포도로 내 힘을 돕고 사과로 나를 시원하게 하라. 내가 사랑하므로 병이 생겼음이라. 그가 왼팔로 내 머리를 고이고 오른팔로 나를 안는구나"(5-6절). 여인은 솔로몬의 친절과 분명한 태도, 건전한 구애 방식으로 인해 그의 성적인 터치를 원하는 마음이 점점 강해지고 있다고 솔직히 인정한다.

당시 이스라엘에서는 건포도와 사과를 관능적인 음식으로 여겼다. 심지어 그것들이 여성의 임신을 돕는다는 믿음까지 있었다. 다윗은 전쟁터에서 돌아온 부하들에게 상으로 건포도와 사과를 하사했다고 한다. 이는 곧 "어서 가서 아이를 만들어라"는 뜻이었다.

술람미 여인은 이렇게 말하고 있다. "당신에게 반했어요. 이서 건포도를 줘요. 지금 당장 사과가 필요해요!" 여인은 솔로몬의 의도를 굳게 믿었다. 그리고 두 사람은 "내 사랑이 원하기 전에는 흔들지 말고 깨우지" 않기로 약속했다(7절). 이것이 여인이 마음속의 욕구를 거리낌 없이 표현할 수 있었던 이유다.

예로부터 교회가 젊은이들에게 성에 관한 이중적인 메시지를 전해왔기 때문에 다시 한 번 말한다. 성적 터치를 원하는 것은 전혀 잘못이 아니다. 이 책을 마칠 때까지 이 점을 계속해서 강조할 생각이다. 성이 나쁘고 악하고 추잡한 것이라고 말하는 사람이 너무도 많기 때문이다. 이런 말을 자주 듣다보면 그것을 완전히 믿게 된다. 그렇게 되면 결혼을 해서도 자유롭게 성을 누리지 못한다. 그런 부부는 결국 세상에서 도움을 찾는다. 하지만 하나님을 모르는 세상이 하나님이 창조하신 것을 올바로 다루는 법을 알리가 없다.

가끔 넘치는 성욕으로 괴로워하는 젊은이들이 나를 찾아온다. "제발 하나님이 이 더러운 욕구를 없애주셨으면 좋겠어요!" 그럴 때마다 내 대답은 항상 똑같다. "그럴 필요가 없어요."

우리에게 필요한 것은 성욕을 없애는 것이 아니라 절제력과 순종할 힘이다. 왜냐하면 성욕은 선물이기 때문이다. 하나님께 선물을 도로 가져가시라 하는 것은 옳지 않다. 대신 우리는 그 선물을 잘 관리하다가 결혼한 뒤에 그분의 뜻 안에서 올바로 즐기게 도와달라고 기도해야 한다.

이제 7절 전체를 보자. 이 구절은 경고의 말이다. "예루살렘 딸들아, 내가 노루와 들사슴을 두고 너희에게 부탁한다. 내 사랑이 원하기 전에는 흔들지 말고 깨우지 말지니라."

내 기억이 맞는다면 내가 아가서에 관한 설교를 처음 들은 것은 내 친구 토미 넬슨(Tommy Nelson)을 통해서다. 그는 7절을 분석하면서 성욕을 불에 비유했다.

> 불길을 유지하려면 적절한 경계와 연료가 필요하다. 결혼이라는 경계 안에서 연료는 서로에 대한 존중, 다정함, 사모와 같은 욕구와 꿈, 남들(친척, 자녀, 친구, 사업 파트너, 동네 사람들)과의 그리스도를 닮은 관계, 오랫동안 쌓인 추억과 전통, 로맨틱한 분위기, 지속적인 애정 표현 등이다.[4]

무슨 말이냐면, 결혼이라는 경계 안에서 성욕이라는 연료는 상대방을 깊이 알고 이해하는 데서 비롯한다. 또한 상대방이 하나님의 뜻대로 살아가는 모습을 보면 성적 갈망이 솟아난다.

여성들이여, 남자가 절제력을 발휘하고 자녀를 사랑하고 열심히 일하는 모습을 보면 끌리지 않는가? 복음을 통해 이런 모습을 보면 남편이 더 남자답고 매력적으로 느껴지지 않는가?

남자들이여, 아내가 다정하게 굴고 집안을 열심히 돌보고 재능을 잘 사용하고 창조적이거나 모험적인 하나님의 여성으로 번영하는 모습을 보면 섹시하게 보이지 않는가?

배우자에게서 섬김과 경건한 모습, 가족과 직장 동료, 교회 식구들을 은혜로 대하는 모습을 보면 육체적 끌림을 넘어 존중하는 마음이 생긴다. 결혼이라는 울타리 내에서 성은 전혀 다른 차원으로 접어든다. 부부의 성은 성욕이 강하게 느껴지지 않는 시간들을 포함해서 자신의 전부를 상대방에게 주는 것이다.

하지만 결혼이라는 울타리 밖에서 성은 이런 경계와 건전한 연료가 주는 자유를 누리지 못한다. 혼외정사는 그저 자기만족과 개인적인 욕심을 채우는 것에 불과하다.

그래서 술람미 여인은 우리에게 때가 될 때까지 사랑을 깨우지 말라고 권고한다(아 8:4를 보라). 그것은 육체적 관계로 너무 빨리 들어가면 진정으로 친밀해질 기회를 잃기 때문이다.

때가 될 때까지 사랑을 깨우지 마라. 그렇게 하지 않으면 대화를 통해 서로의 영혼을 깊이 탐구하지 않게 된다. 둘만의 적절한 대화법을 찾으려는 노력을 하지 않게 된다. 상대방의 내면을 알려는 노력을 하지 않게 되니. 서로를 육체적으로 이용하게 되니. 그러면 잠깐은 즐거울지 몰라도 장담컨대 결국 공허함만 남을 것이다.

아가서에서 발견되는 건강한 특성들이 상대방에게 보이면 계속해서 사귀어도 좋다. 다만 상대방을 평가할 때 너무 야박해서는 곤란하다. 이런 특성을 완벽히 갖춘 사람은 세상 어디에도 없다. 서로를 진정으로 알아가려면 오해와 상한 감정의 실타래를 풀어내는 과정도 필요하다. 완벽을 고집하지 마라. 오직 예수님만 완벽한 모습을 보여 주실 수 있다. 다만 이런 질문은 필요하다. 상대방이 건강하고도 경건한 삶의 궤적을 보이는가? 그가 잘못했을 때 회개할 만한 사람인가? 예수 그리스도의 충성스러운 제자인가?

회개와 고백, 신앙생활에 대한 진지함이 있다면 관계를 지속할 만한 가치가 있다. 하지만 그 상태로 지속하는 것이 아니라 관계의 발전이 있어야 한다. 그리스도인들의 연애는 특정한 궤적을 보여야 한다.

두 사람이 모두 그리스도를 닮은 모습을 보인다면 그 다음 단계는 부부의 길을 추구하는 것이다. 단순한 연애에서 좀 더 진지한 연애로 나아가면 흔히 말하는 구혼 단계에 접어든 것이다.

구혼은 더 이상 '연애를 위한 연애'가 아니라 결혼을 전제로 만나는 것이다. 이 단계에 이르면 남녀는 자신과 서로에게 이렇게 묻는다. "이 사람과 남은 평생을 함께 할 수 있을까?" 그래서 "그렇다"라는 답이 나오면 만남을 계속 이어간다.

3장

불같은 구애

결혼에 관한 비전을 나누다

지금의 아내와 처음 연애할 때 나는 텍사스 주 애빌린에 살았고 아내는 롱뷰에 살았다. 애빌린에서 롱뷰까지는 차로 약 다섯 시간 반을 달려야 도착할 수 있다. 당시 나는 교회에서 사역하고 학교에서 강의를 했으며 강연을 위해 가끔 지방을 다녔다. 보통 주말에는 금요일 밤 11시쯤에 일을 마치고 차를 타고 롱뷰까지 달려갔다. 새벽에 지금의 처갓집에 도착해서는 몇 시간을 자고 일어나 아내와 점심나절까지 데이트를 하고 나서 다시 차를 타고 애빌린으로 돌아왔다. 그래야 주일 아침에 교회에 갈 수 있었다. 그런 무지막지

한 일정을 1년 동안 소화해냈다.

건강에 그리 좋은 스케줄은 아니었다. 하지만 한 번도 힘들다는 생각을 해 본 적이 없었다. 하지만 지금 와서 돌아보면 아내에게 홀려도 단단히 홀렸던 게 분명하다. 매주 38시간 중에서 겨우 4-5시간을 아내와 보내기 위해 이동하는 차에서 14-16시간을 보냈으니 말이다.

솔로몬과 그가 사랑했던 여인의 관계도 매우 비슷한 단계에 접어들었다. 2장 8절에서 그것을 확인할 수 있다. "내 사랑하는 자의 목소리로구나. 보라. 그가 산에서 달리고 작은 산을 빨리 넘어오는구나."

여인의 목소리에는 솔로몬을 향한 애정이 듬뿍 담겨 있다. 솔로몬도 여인을 봐도 봐도 또 보고 싶을 만큼 원했다. 그는 시간만 나면 그녀를 찾아갔다. 이것은 단순한 열병이 아니다. 풋사랑이나 첫 끌림 정도가 아니다. 두 사람은 마치 자석처럼 서로에게 강하게 끌리고 있다. "드디어 평생의 짝을 찾은 것 같아."

아내를 만나기 전만 해도 나는 진정한 사랑에 대해 회의적이었다. "과연 내 진짜 모습을 알고도 나와 남은 평생을 함께 하겠다고 나설 여자가 있을까?" 아무리 생각해도 그런 여자는 없을 것만 같았다. 그런데 갑자기 그녀를 만났다. 그로 인한 흥분감은 나로 하여금 틈만 나면 그토록 먼 거리를 달려가게 만들 만큼 강력했다. 그 먼 거리를 찾아가면서도 한 번도 귀찮다는 생각을 해 본 적이 없다.

운전하다가 피곤해도 곧 그녀를 만난다는 생각을 하면 어디선가 다시 힘이 솟았다. 이것은 단순히 예쁜 아가씨에게 반했을 때의 흥분감과는 달랐다.

마침내 평생의 짝을 만났다는 생각이 들면 그를 만나기 위해서 산에서 달리고 작은 산을 빨리 넘어가게 된다. 이제 단순히 '연애하는' 수준을 넘어 중요한 문제들을 '정리하는' 단계로 넘어간다. 단순히 즐기는 관계를 넘어 평생을 함께 할지 고민하는 단계로 접어들면 결혼에 관한 깊은 대화를 나누기 시작한다. 그러다보면 부담스러운 이야기도 해야만 한다. 개중에는 정말 말하기 힘든 문제도 있다. 하지만 진지한 만남이 시작되면 부담스러운 대화를 더 이상 피하지 말아야 한다. 이 단계에서 남녀는 다음과 같은 범주의 대화를 시작하게 된다.

* 과거 - 어떤 환경에서 자랐는가? 어떤 큰 사건들을 겪었는가? 어떤 사건이 삶에 영향을 끼치고 성장을 돕거나 방해했는가? 어떤 죄를 회개하기가 가장 힘들었는가?

* 현재 - 현재 어떤 문제가 있는가? 매일의 고난을 어떻게 다루는가? 영적 성장을 위해 서로 격려하고 질책해 주는 친구들이 있는가? 무엇을 두려워하는가?

* 희망 - 자신이나 배우자, 가족에 대해 어떤 비전을 품고 있는가? 교회에 대해 어떤 비전을 품고 있는가? 세상을 향한 하나님

의 계획과 그 속에서 자신의 자리를 어떤 식으로 보고 있는가?

* 꿈 - 무엇에서 성취감을 느끼는가? 어떤 미래를 꿈꾸고 있는가? 당신과의 관계에 대해 어떤 비전을 품고 있는가?

* 상처 - 어떤 상처를 안고 있는가? 어떤 사건으로 인한 상처가 아직도 아물지 않고 있는가? 누가 어떻게 상처를 주었는가? 어떤 사건의 기억이 지금도 그 사람을 괴롭히고 있는가?

이 단계는 단순히 서로에게 끌려서 데이트만 하는 단계가 아니라 결혼에 관한 비전으로 만나는 단계다. 아직 결혼에 대한 결정을 내린 것은 아니지만 결혼할 가능성이 있고 이 점에 대해 두 사람이 모두 동의한 상태다. 주변 사람들도 두 사람이 결혼을 전제로 만난다는 것을 안다. 그래서 이제는 서로를 '알기' 위한 대화보다 서로를 '이해하기' 위한 대화가 잦아진다. 이 단계는 공식적인 약혼 전이지만 단순한 연애보다는 더 진지한 단계다. 이것이 내가 '구혼'으로 부르는 단계다.

사랑의 열병에 시달리다

토미 넬슨은 구혼 기간을 "상대방이 정말로 남은 평생을 함께할 만한 사람인지 판단하기 위해 그 사람과만, 그리고 자주 데이트하는 기간"으로 정의했다.[1] 조슈아 해리스(Joshua Harris)는 "남녀가

결혼의 가능성을 진지하게 타진하는 특별한 연애 기간"이라 말했다.[2]

아가서 2장 8-9절을 보면 솔로몬은 이 여인을 더 깊이 알기를 간절히 원하고 있다. 첫 끌림의 열정이 여전히 존재하지만 이제는 더 깊은 차원의 불이 이 열정을 유지시키고 있다. "내 사랑하는 자는 노루와도 같고 어린 사슴과도 같아서 우리 벽 뒤에 서서 창으로 들여다보며 창살 틈으로 엿보는구나"(9절).

왠지 스토커처럼 보이지 않는가? 남자들이여, 이 구절을 문자 그대로 적용했다가는 큰일이 난다. 이 구절은 스토커들을 위한 면허증이 아니다. 이 구절은 스토킹보다 훨씬 더 올바른 행동에 대한 시적인 묘사일 뿐이며, 이 묘사는 10-13절에서도 계속 이어진다.

> 나의 사랑하는 자가 내게 말하여 이르기를 나의 사랑 내 어여쁜 자야 일어나서 함께 가자 겨울도 지나고 비도 그쳤고 지면에는 꽃이 피고 새가 노래할 때가 이르렀는데 비둘기의 소리가 우리 땅에 들리는구나 무화과나무에는 푸른 열매가 익었고 포도나무는 꽃을 피워 향기를 토하는구나. 나의 사랑, 나의 어여쁜 자야 일어나서 함께 가자.

무엇보다도, 솔로몬은 말 그대로 창문으로 여인을 몰래 훔쳐보고 있는 게 아니다. 그가 벽 뒤에 서서 창살 틈으로 안을 들여다

봤다는 것은 두 사람이 아직 결혼을 하지 않았음에도 그가 표면 아래를 들여다봤다는 뜻이다. 그는 여인의 내적 삶을 들여다보고 그녀가 깊이 숨겨둔 부분들을 확인하고 있다.

이어진 구절들은 솔로몬이 여인을 떠나지 않을 것임을 보여준다. 솔로몬은 여인에게 희망을 던지고 있다. 11절에서 "겨울도 지나고 비도 그쳤고"라는 표현은 관계가 깊어지면서 안 좋은 면도 보았지만 상관없이 함께 살 생각이 있다는 뜻이다. 이것이 그가 14절에서 이렇게 말한 이유다. "바위 틈 낭떠러지 은밀한 곳에 있는 나의 비둘기야, 내가 네 얼굴을 보게 하라. 네 소리를 듣게 하라. 네 소리는 부드럽고 네 얼굴은 아름답구나."

솔로몬이 창살 틈으로 여인의 내적 삶을 들여다본 이유 중 하나는 여인이 아직 완전한 자신감을 회복하지 못했기 때문이다. 심지어 둘의 관계가 깊어지면서 뭔가가 드러나 여인이 그것을 숨기려고 했을 가능성도 있다. 과거의 어떤 사실이 드러나 로맨틱한 분위기를 방해했을 수 있다.

하지만 그것이 어떤 문제이든 솔로몬의 애정을 식게 만들지는 못했다. 솔로몬은 가버리지 않고 계속해서 여인을 추구했다. 여인은 아직도 뭔가로 인해 불안했던 것으로 보인다. 하지만 솔로몬은 그녀를 압박하거나 꼬치꼬치 캐묻지 않고 그녀를 떠나지도 않는다. 오히려 더 가까이 다가감으로써 진정한 은혜가 무엇인지를 똑똑히 보여 준다.

솔로몬은 이렇게 말한다. "걱정하지 마오. 나는 당신을 떠나지 않을 거요. 늘 당신 곁을 지킬 거요. 내겐 뭐든 말해도 좋소. 당신을 보면 여전히 떨린다오."

누군가가 우리의 흠을 엿보고도 상관없이 "나는 어디도 가지 않소"라고 말하면 얼마나 기쁘고 마음이 든든하겠는가.

완벽하지 못한 모습에 대한 이런 반응은 남녀가 단순히 즐기는 연애 단계를 넘어 구혼 단계로 접어들었다는 확실한 증거다. 이것은 그들이 함께 하는 삶을 준비하고 있다는 첫 번째 증거다. 이제 두 사람의 관계는 확실히 진지해진 것이다. 아직 평생의 관계를 맺기 전에 죄나 수치, 상처 같은 것을 은혜로 덮어 줬다는 것은 결혼한 뒤에게 계속해서 그럴 수 있다는 희망적인 신호다. 물론 이 은혜는 구혼 단계 내내 계속해서 시험대 위에 오를 것이다.

서로의 과거를 나누라

구혼 단계에서는 서로의 과거에 관한 대화가 이루어져야 한다. 아내와 이 단계를 거칠 때도 그런 대화가 오가기 시작했다. "나에 관해 이런 것을 알아야 해요." "내 배경에 관해 이런 것을 알아야 해요." "어릴 적이 이런 일이 내게 깊은 영향을 미쳤어요." "내가 이렇게 행동하는 이유는…." "내가 이런 것을 지독히 싫어하는 이유는…."

우리는 서로에 관해 묻고 싶은 것이 많았고 자신에 관해 이야기하고 싶은 것도 많았다. 이런 식으로 서로를 열어 보이면 관계가 위험에 노출된다. 하지만 이런 위험을 감수해야만 서로에 관해 속속들이 아는 사람들 사이에서만 가능한 깊고도 진정한 관계 속으로 들어갈 수 있다. 그리고 이미 서로에 대한 믿음이 어느 정도 자리를 잡은 상태이기 때문에 그 위험을 충분히 이겨낼 수 있다.

"내 관심사는…." "내가 자라온 환경은…." "내가 두려워하는 것들은…." "내가 안고 있는 문제들은…." 대화는 점점 더 깊고 풍성해진다. 점점 더 솔직해진다. 그리고 그만큼 더 위험해진다. 자칫 관계가 깨질 수도 있다는 것을 잘 알면서도 마음을 점점 더 활짝 연다. 물론 아직 혼인 서약을 하지는 않은 상태다. 아직 서로에게 완전히 묶이지는 않았다. 아직 "죽음이 우리 두 사람을 갈라놓을 때까지"라는 맹세를 하지 않았다. 아직 "기쁠 때나 슬플 때나"라는 맹세를 하지 않았다. 하지만 이제 그런 서약을 하는 순간으로 본격적으로 향하고 있다.

이것이 구혼이 연애보다 더 깊은 단계인 이유다. 구혼은 가슴 벅찬 동시에 위험하다. 구혼 단계에서는 끌림이 진정한 사랑의 증거인지 확인하는 작업이 이루어진다. 성경이 부부들에게 명령하는 이타적인 사랑이 서로에게 있는가? 구혼 단계에서는 어두운 면들을 포함해서 서로의 안을 더 활짝 열어 보이기 때문이 관계가 깨질 위험이 있다.

우리 부부와 아주 친하게 지내는 사람 중에 아이를 가질 수 없는 아가씨가 한 명 있다. 정신적인 문제가 있는 것은 아니고 단순히 육체적으로 불임이다. 그녀는 남자와의 관계가 진지한 만남으로 발전할 때마다 이 사실을 숨김없이 털어놓았다. 그때마다 남자들이 감당할 수 없어 떠나갔다. 그리고 그녀는 큰 상처를 받고 깊은 실망감을 경험해야 했다. 하지만 그녀는 그런 대화가 아무리 위험해도 더 진지한 관계로 나아가려면 반드시 필요하다는 것을 알고 있다.

이런 문제를 털어놓으면 불리한 입장에 놓일 수밖에 없다. 하지만 결혼할 때까지 이 문제를 숨기면 나중에 서로가 더 큰 상처를 입을 수 있다. 상대방은 배신감을 느낄 수 있다. 이런 일이 생기지 않으려면 결혼 서약을 하기 전에 반드시 이 문제를 다뤄야만 한다.

상대방이 자신의 문제점을 알고서 떠나가면 고통스럽겠지만, 문제점을 분명히 알고도 자신을 받아준 사람과 하나가 되면 그런 결혼 안에 얼마나 큰 신뢰와 소망이 있을지 상상해 보라. "상관없소. 그 무엇도 당신을 향한 나의 사랑을 꺾을 수 없소."

아내와 연애할 때 하나님께서 나를 목회자로 부르시는 것을 느끼기 시작했고, 그 소명의식은 나날이 더 강해져만 갔다. 그런데 목회의 삶에 따르는 희생들을 생각하니 아내가 나와 결혼하면 너무도 힘들 것만 같았다. 심지어 하나님께서 나를 해외로 부르신다는 생각까지 들었다. 하나님께서 내게 어디에서 뭘 하라고 하시든,

그 일을 하기 위해 내 모든 것을 포기해야 한다 해도, 무조건 따를 생각이었다. 남은 평생을 함께 하고 싶은 사람에게 이 모든 상황을 결코 숨길 수 없었다.

그리하여 롱뷰의 한 멕시코 음식점에서 그것에 대한 대화를 나누게 되었다. 그리 로맨틱한 장소는 아니었지만 그날 나는 아내에게 내 생각을 전부 털어놓았다. "하나님이 나를 무엇으로 부르고 계시냐면…." "이 길이 어디로 이어질지는 모르겠지만 이 길로 가야해요. 불확실하고 위험한 길이지만 같이 가겠소?"

미리 이런 대화를 충분히 나눠서 얼마나 다행인지 모른다. 왜냐하면 빌리지교회(Village Church)의 목사가 되기까지 세 번의 변화를 거쳤는데 매번 쥐꼬리만한 월급으로 작은 집에서 살아야 했기 때문이다. 우리는 결혼하기도 전에 이런 문제에 대한 대화를 나눴기 때문에 아내는 이런 상황을 충분히 예상하고서 결혼을 했다.

성령이 더 작은 사역과 더 적은 봉급으로 인도하시는 것을 느낄 때마다 나는 아내에게 그 문제를 털어놓고 말했다. "이 문제를 놓고 함께 기도합시다. 만약 내가 이것이 하나님이 우리 두 사람에게 원하시는 길이라고 말한다면 나를 따라오겠소?"

구혼 단계에서는 바로 이런 대화가 이루어져야 한다. 아울러 각자의 상처에 관한 대화도 필요하다. 어떤 상처를 안고 있는지, 학대를 당했는지, 어떤 트라우마가 있어서 사람들을 쉽게 믿지 못하는지에 대해서 말이다. 물론 구혼 단계에 이르렀다면 이런 상처가 이미 어느 정도 드러나기 시작했겠지만 이제는 그 상처에 관해 토론해야 할 때다. 상대방의 이상한 행동을 보고 어찌 할 바를 몰랐던 적이 있는가? 상대방이 이해할 수 없거나 갑작스럽거나 비인격적인 행동을 보인 적이 있는가? 그냥 없던 일로 하고 기억에서 지워버리고 싶더라도 철저히 다루고 넘어가야 한다. 이런 질문을 던지라. "그런 행동이 어디에서 나왔나요?" "왜 그렇게 행동했나요?" "그런 행동을 할 때 어떤 기분이 들었나요? 어떤 생각이 들었나요?" "내가 어떻게 도와줄까요?"

상대방이 방어적인 자세를 취할 수도 있다. 따라서 부드럽게 이야기하고 참을성을 발휘하는 것이 중요하다. 상대방이 얼마나 자신의 마음을 오픈하는가는 당신이 얼마나 부드럽게 다가가느냐에 달려 있다. 상대방에게, 내면 깊은 곳의 상처를 드러냈다가 이별을 통보당한 경험이 있을 수도 있다. 그래서 당신도 그렇게 떠나갈까 두려울 수 있다. 혹은 그런 질문을 처음 받아볼 수도 있다. 그럴 경우 뜻밖의 관심에 놀라고 혼란스러워 마음의 문을 꽁꽁 닫을 수 있으니 조심스럽게 다가가야 한다.

많은 사람이 자신에게 상처가 있는지조차 알지 못한다. 그런가 하면 상처가 있는 것은 알지만 그 상처로 인한 피해를 제대로 인식하지 못하는 사람들도 있다. 어떤 상처는 결혼한 지 한참이 지나서도 밖으로 표출되지 않는다. 그렇다 해도 결혼 전에 최대한 이런 대화를 나눠야 한다.

나 자신에 관해서 파악한 사실 가운데 하나는, 내가 아버지의 인정을 절실히 원했다는 것이다. 하지만 아버지의 인정은 뜬구름처럼 잡힐 듯 잡히지 않았다. 그것이 내 안에 큰 상처로 남았다. 그 상처는 열등감으로 자라났고, 그 열등감으로 인해 나는 아내 앞에서 이상한 행동을 보이곤 했다. 짜증과 화를 내곤 했는데, 이 모두는 이 '아버지 상처'에서 비롯한 것이었다. 내가 신랄하게 비판하는 모습을 보고 속이 후련하다고 좋아하는 사람들이 있는데 사실 그것은 내 열등감에서 비롯한 반응이다.

구혼 단계에서는 서로의 상처를 들여다볼 뿐 아니라 서로가 그 상처에 어떻게 반응하는지도 살펴야 한다. 나 자신에게서 보기 싫은 모습을 볼 때 나의 자연스러운 반응은 그것을 드러내는 것이 아니라 숨기는 것이다.

하지만 구혼 단계에서는 각자의 상처에 관해 자신이 아는 대로 최대한 털어놓아야 한다. 이렇게 자신의 좋지 않은 면까지 솔직하게 공개하면 상대방은 떠나갈 수도 있고 오히려 더 가까이 다가올 수도 있다. 솔로몬은 하나님의 사람이었고 하나님은 진정한 사랑의 관계를 원하시기 때문에 그는 후자를 선택했다.

솔로몬은 떠나지 않는 사랑의 깃발 아래 있었다(2장 4절을 보라). 아가서 2장 4절에서 "사랑"에 해당하는 히브리어는 '의지의 사랑'을 의미하는 '아하바'(ahava)다. 이는 "어디도 가지 않겠소"라고 말하는 사랑이다. 이는 "당신의 안 좋은 모습을 봤지만 상관없이 당신의 곁에 머물겠소"라고 말하는 사랑이다.

구혼 단계에 이르면 '아하바'가 있는지가 슬슬 드러나기 시작한다. 앞서도 말했듯이 남녀가 처음 만나면 얼마간은 서로에게 가장 좋은 모습만을 보이려고 애쓰기 마련이다. 하지만 구혼 단계에 접어들면 가드가 조금씩 내려간다. 서로에 대한 긴장을 풀면서 서로의 진짜 모습이 조금씩 나타나기 시작한다.

솔로몬은 창살 틈으로 엿보았다. 다시 말해, 여인의 잘못된 행동을 보았다. 그리고 그런 행동이 한 번으로 그치지 않을 것임을 알았다. 하지만 그는 도망치지 않았다. 2장 15절을 보라. "우리를 위하여 여우 곧 포도원을 허는 작은 여우를 잡으라. 우리의 포도원에 꽃이 피었음이라." 작은 여우는 계속해서 재발하는 문제를 의미한다.

구혼 단계에서는 갑자기 "작은 여우"가 나타나기 시작한다. 이런 문제가 있어도 없는 척 무시하지 말고 함께 대화하면서 풀어나가야 한다. 이 여우가 심각한 피해를 입히기 전에 함께 잡지 않으면 관계의 포도원을 망치고 만다.

구혼과 약혼 단계에 이르렀는데도 아무런 문제가 없다고 말하는 사람들을 보면 심히 걱정스럽다. 그런 사람들을 만나본 적이 있는가? 그저 사랑의 감정에만 푹 빠져 자신이 죄인과 관계를 맺고 있다는 사실을 까마득히 잊어버린 사람들. 특히 자신이 죄인이라는 사실을 자주 잊어버린다. "결혼생활은 어렵습니다." 내가 빌리지 교회 교인들에게 이런 말을 하면 약혼한 사람들은 하나같이 서로를 쳐다보며 속삭인다. "자기야, 우리는 그렇지 않을 거야." 그들은 젊고 사랑에 푹 빠져 문제의 폭풍이 저 멀리서 몰려오고 있다는 사실을 까마득히 모르고 있다.

자신에게, 서로에게, 솔직해져야 한다. 솔로몬과 이 여인은 문제가 있다는 점을 인정할 만큼 솔직했다. 그들의 포도원에는 친밀하게 살 능력, 원활하게 소통할 능력, 하나님을 믿을 능력을 먹어 치우려는 여우가 가득했다. 하지만 그들은 너무 큰 피해를 입기 전에 구혼 단계부터 미리미리 여우를 잡기로 결심했다. 아가서 2장 15절을 찬찬히 다시 읽어 보라. "우리를 위하여 여우 곧 포도원을 허는 작은 여우를 잡으라."

제3자의 도움을 구하는 것처럼 들리지 않은가? 두 사람은 그들을 사랑하는 누군가에게 도움을 요청하고 있다. 이처럼 구혼 단계에 있는 모든 커플은 '작은 여우'를 잡기 위해 외부의 도움을 구해야만 한다. 단순히 혼전 상담을 받아도 좋지만 개인적으로 그리고 함께 복음 중심의 집중적인 상담을 받는 것이 더 좋다. 무엇보다도 제자 훈련에 참여하고 교회와 가족 안의 영적 리더들에게 조언을 구해야 한다.

구혼 단계에 있다는 것은 누군가와 남은 평생을 함께 할지 진지하게 고민하고 있다는 뜻이다. 이렇게 중차대한 결정을 눈앞에 두고 있으니 도움을 구하지 않을 이유가 없다. 지혜롭고도 경건한

제3자에게도 창살 틈으로 엿봐준 것을 부탁해야만 한다. 두 사람의 내적 삶과 관계 역학을 살펴주고 두 사람이 앞으로 다가올 어려운 상황들을 지혜롭고도 성경적으로 헤쳐 나갈 수 있도록 도와줄 사람을 찾는 것이 유익하다.

아가서의 이 커플을 그렇게 했다. 그들은 기도하는 마음으로 마음 깊은 곳의 문제들을 해결하는 과정에서 제3자의 도움을 구했다. 그 결과, 그들은 서로에게서 '아하바' 사랑을 끊임없이 다시 확인했다. "내 사랑하는 자는 내게 속하였고 나는 그에게 속하였도다. 그가 백합화 가운데에서 양 떼를 먹이는구나. 내 사랑하는 자야 날이 저물고 그림자가 사라지기 전에 돌아와서 베데르 산의 노루와 어린 사슴 같을지라."(16-17절) 이 과정 내내 솔로몬은 변함없이 여인을 추구했다.

단, 솔로몬이 문제에도 불구하고 여인을 계속해서 추구했다고 해서 폭력적인 사람의 구원자 역할을 맡으라는 뜻은 아니다. 특히 여성들은 그런 태도를 경계해야 한다. 구원자는 우리의 역할이 아니다. 폭력적이고 학대적인 사람의 구속을 위해 자신의 몸을 제단 위에 올려놓을 필요는 없다. 그 일은 그리스도께서 이미 완벽히 해 주셨다.

특히 이런 면에서 제3자의 도움이 정말 중요하다. 제3자의 조언 없이 희생자가 가해자를 떠나기는 결코 쉽지 않다. 그래서 분명히 말하건대, 육체적이든 성적이든 언어적이든 정신적이든 어떤 면에서든 학대적인 관계를 맺고 있다면 어서 벗어나서 도움을 요청하기를 바란다. 괴롭힘을 당하고 있다면 더 늦기 전에 경찰을 부르고 목사나 장로에게 알리고 상담자를 찾아가야 한다. 시간이 지나면 저절로 좋아질 거라는 생각은 착각이다. 학대에 굴복하는 것이 은혜를 베푸는 것이라고 착각해서도 안 된다. 그것은 의지의 사랑을 의미하는 '아하바'의 사랑이 아니다.

그럼에도 불구하고 구혼 단계에 있는 남녀는 마음 깊은 곳의 어두운 부분들을 함께 직시하고 고민하는 과정에서 '아하바'의 여부를 확인할 수 있다. 만약 상대방이 당신의 불완전한 구석에 대해 '아하바'를 보여 주지 않는다면 이제 그만 헤어지는 것이 현명할 수 있다. 대학 시절의 어느 날 밤 결혼을 하루 앞둔 절친한 친구와 함께 우리 집 발코니에 앉아서 나눴던 대화가 기억난다. 친구는 한숨을 쉬며 말했다.

"아무리 생각해도 이건 실수야."

"정 그러면 취소해야 하지 않겠어?"

"하지만 드레스와 음식에 들어간 비용이 얼만데?"

"들어간 돈 때문에 어쩔 수 없이 결혼을 하는 것은 있을 수 없는 일이야. 취소해."

"그럴 수 없어. 노력하면 좋아지겠지."

내가 왜 실수인지 묻자 친구는 많은 흠과 성격 차이를 나열했다.

"서로 대화도 좀처럼 하지 않고 마음도 통하지 않아. 둘 다 그냥 결혼하고 나면 자연스럽게 좋아질 거라고 생각하고 있어."

구혼 과정에서 이런 벽에 이르렀다면 계속해서 함께 가지 않는 것이 현명하다. 문제가 드러났을 때 두 사람이 은혜롭게 헤쳐 나가고 문제에 상관없이 계속해서 서로를 사랑할 수 없다면 약혼과 결혼까지 나아가지 않는 것이 옳다.

도망가지 말고 문제를 함께 다루라

관계가 깊어지면 약점과 마음 깊은 곳의 문제점이 눈에 들어오기 마련이다. 그럴 때 문제가 없는 척하는 커플들이 얼마나 많은지 모른다. 그들은 자신들의 문제를 감추고, 관계가 점점 진지해져 가는 현실을 부인하기 위해 뭔가에 의존하기 시작한다. 예를 들어, 성이라는 약물을 의존한다. 결국 진정한 대화를 더 이상 하지 않을 지경이 되도록 육체적으로만 치닫는다. 혹은 만나면 수동적인 활동만을 하기 시작한다. 그러니까 두 사람이 차분하게 대화할 틈이 없이 정신없이 이루어지는 야외 활동이나 영화 같은 실내 활동에 몰두한다.

육체적인 관계에 열중하거나 함께 시간을 보내면 친밀해진 것 같은 착각에 빠진다. 하지만 그것은 말 그대로 착각이다. 왜냐하면 그것은 성경이 정한 울타리에서 벗어난 것이기 때문에 진정한 친밀함이 아니다. 거짓 친밀함에 속고 있는 것이다. 이런 상황에 빠진 사람들은 서로에 관해 진정으로 알 수 없다. 그저 서로를 이용하고 있을 뿐이다. 결혼하지도 않고서 부부의 특권을 누리려고 하면 그 결과는 실로 참혹하다.

솔로몬과 술람미 여인은 육체적인 관계에 열중하는 것이 얼마나 위험한지를 잘 알기에 이렇게 말했다. "결혼하기 전까지는 육체적 관계를 삼가고 먼저 문제들부터 해결하자." 두 사람은 서로를 이용하고 서로에게 상처를 주기를 원하지 않았다. 대신 그들은 함께 성장하기를 원했다.

그들이 따른 궤적은 지금 우리 모두가 따라야 할 궤적이다. 그들은 서로를 존중하고 아꼈으며 서로를 알기 위해 많은 시간을 투자하고 서로를 보살펴 주었다. 그들은 외부의 조언을 구했고 하나님의 말씀에 순종했다. 문제가 나타났을 때 그들은 은혜와 사랑으로 함께 다루면서 관계를 지켜나갔다.

그래서 관계가 계속해서 진행되었고, 덕분에 아가서의 두 번째 장은 이렇게 끝을 맺을 수가 있었다. "내 사랑하는 자는 내게 속하였고 나는 그에게 속하였도다. 그가 백합화 가운데에서 양 떼를 먹이는구나. 내 사랑하는 자야 날이 저물고 그림자가 사라지기 전에 돌아와서 베데르 산의 노루와 어린 사슴 같을지라."(16-17절)

여인의 마음속에서 솔로몬을 향한 깊은 신뢰가 싹텄다. 그것은 문제가 나타났는데도 솔로몬이 도망가지 않고 "함께 다루자"라고 말했기 때문이다. 솔로몬은 성이라는 약물에 의존하지 않았다. 여인이 불리한 입장에 놓였다고 해서 이용하려고 들지도 않았다. 두 사람은 잠시 관계의 속도를 늦추고서 함께 문제를 해결했다. 이에 여인이 어떻게 반응했는지 보라.

> 내가 밤에 침상에서 마음으로 사랑하는 자를 찾았노라 찾아도 찾아내지 못하였노라 이에 내가 일어나서 성 안을 돌아다니며 마음에 사랑하는 자를 거리에서나 큰 길에서나 찾으리라 하고 찾으나 만나지 못하였노라 성 안을 순찰하는 자들을 만나서 문기를 내 마음으로 사랑하는 자를 너희가 보았느냐 하고 그들을 지나치자마자 마음에 사랑하는 자를 만나서 그를 붙잡고 내 어머니 집으로, 나를 잉태한 이의 방으로 가기까지 놓지 아니하였노라(3:1-4).

솔로몬을 향한 여인의 사랑은 계속해서 다시 불이 붙었다. 여인은 솔로몬과 함께 있기를 갈망하고 꿈에서도 그를 사모하며 연모했다. 그 다음은? 여인은 그를 집으로 데려와 어머니에게 인사를 시켰다. "그를 붙잡고 내 어머니 집으로 … 가기까지 놓지 아니하였노라."

독립한 성인이라 해도 관계가 진지해지면 가능한 서로의 부모를 만나는 것이 바람직하다. 구혼 단계에서는 부모를 만나는 것이 더 큰 의미를 지닌다. 이제 부모는 단순히 자식의 애인을 만나는 것이 아니라 새로운 아들이나 딸을 가족으로 맞아들일지를 결정하기 위해 그를 만나는 것이다. 누군가와 결혼하면 그를 가족으로 맞아들이는 것이다. 따라서 가족으로서의 경험을 미리 해 보는 것이 매우 중요하다.

이는 부모와 멀리 떨어져 살지 않는 이상에는 꼭 필요한 과정이다. 또한 가족과 함께 어울리면 서로에 관해 더 깊이 알 수 있게 된다. 존 토머스(John Thomas)는 구혼 단계에서 부모의 역할에 관해 다음과 같이 말했다.

부모의 역할은·단순히 "잘 만나렴"이라고 말하는 것이 아니다. 부모의 역할은 적절한 경계 안에서 지도하고, 자녀가 누리기를 바라는 관계를 본으로 보여 주는 것이다. 부모의 역할은 자신이 했던 실수나 주변에서 보았던 실수를 자녀는 하지 않도록 도와주는 것이다. 부모의 역할은 자녀가 새로운 모험을 자신감 있게 해낼 수 있도록 응원하는 것이다.

구체적으로 설명하자면, 누군가가 당신에게 물어봐줬으면 좋았을 거라고 생각하는 질문이 있는가? 그런 질문을 던지라. 예를 들어, 이런 질문들이 중요하다. "우리 딸의 어떤 점이 마음에 드는가? 우리 딸의 어떤 점이 가장 칭찬할 만한가? 구혼 기간에 무엇을 이루거나 발견하고 싶은가? 이 기간에 어떤 식으로 하나님의 인도하심을 구하려는가? 어떤 면에서 우리 딸이 남은 평생을 함께 할 만한 사람인가? 이 기간 동안에 순결을 유지하려는가?"

이런 질문에 대한 답을 들어보면 그가 진지한지에 관해 꽤 정확하게 판단할 수 있다. 최소한 그로 하여금 이런 문제에 대해 깊이 생각하게 만들 수 있다. 그리고 물론 당신의 딸에게도 똑같은 질문을 던져 이런 문제에 대해 진지하게 고민하게 만들어야 한다.[3]

구혼 단계의 커플은 아직 약혼은 하지 않은 상태이지만 결혼을 향해 점점 다가가고 있다. 두 사람은 '약혼하기로 약정한' 상태라고 말할 수 있다. 어쨌든 결혼이 점점 현실화되고 있다. 그런데 성경적으로 말하면 결혼은 그리스도 안에서 하나님의 은혜 아래 두 사람이 맺는 언약이기 때문에 반드시 교회와 가족이라는 공동체적 배경 속에서 이루어져야 한다. 기독교인들이 '교회 앞에서' 결혼식을 하는 것은 종교적인 외향을 갖추기 위해서가 아니라 그리스도의 몸이라는 공동체의 배경 속에서 결혼 서약을 하고 지키기 위해서다. 가족들의 지원과 조언을 구하는 것은 이것의 연장선이다.

이런 식으로 가족이 참여하는 것이 어려운 이유는 여러 가지인데, 크리스천 커플 중에서 부모가 믿지 않는 경우가 적지 않은 것이 한 가지 이유다. 그럼에도 최대한 가족의 참여 속에서 결혼이 이루어져야 한다. 그래야 두 사람의 관계가 더 끈끈해지고 지혜를 얻을 수 있으며 자신이 자신보다 큰 뭔가의 일부라는 의식이 강해질 수 있기 때문이다.

교회라는 배경도 역시 중요하다. 교회의 훈계와 은혜를 떠나서 결혼생활을 하려는 것은 괜한 고생을 자처하는 것이나 다름없다. 물론 모든 관계는 당신의 것이다. 당신은 다른 사람이 아닌 미래의 배우자와 결혼을 하려는 것이다. 하지만 당신의 결혼생활은 진공 속에 홀로 존재하는 것이 아니다. 결혼은 그리스도께서 그분의 교회를 향해 보여 주신 희생적이며 성화시키는 사랑을 보여 주는 거울과도 같으니 결혼생활과 교회를 서로 연결시키는 것이 너무도 당연하다.

구혼 단계에서 이런 노력을 하고 있다면 결혼을 향해 순항을 하고 있다고 말할 수 있다.

점점 강해지는 성욕을 다루라

술람미 여인이 솔로몬을 어머니에게 인사시킨 뒤 이런 후렴구가 나타난다. "예루살렘 딸들아 내가 노루와 들사슴을 두고 너희에게 부탁한다. 사랑하는 자가 원하기 전에는 흔들지 말고 깨우지 말지니라"(3:5).

어쩐지 귀에 익숙하지 않은가? 여인은 앞서도 똑같은 말을 했다. 관계가 깊어지자 어인은 너무 육체적으로 흐르지 말아달라고 재차 간청한다.

이 책에서 이 주제가 계속해서 나타날 것이다. 그것은 성이라는 주제가 아가서를 도배하고 있기 때문이다. 일부 주석가들은 아가서가 주로 성적 친밀함에 관한 지침서라고 말한다. 좀 지나친 감이 있지만 아가서가 전체적으로 성적 분위기를 띠는 것만큼은 사실이다.

"원하기 전에는 (혹은 때가 될 때까지는) 깨우지 말지니라." 이 후렴구는 육체적 접촉에 관심이 많은 커플들에게 오직 결혼의 언약 안에서만 육체적 결합이 허용된다는 사실을 상기시켜 준다.

상대방과의 관계가 점점 깊어지고 있는가? 그렇다면 이 구절을 바로 당신에게 주시는 말씀으로 받아들여야 한다. 이 여인은 바로 '당신'에게 간청하고 있는 것이다. 너무 육체적으로 흐르지 마라.

설령 결혼한 상태라 하더라도 성에서 관계적인 요소를 제거하면 두 사람 사이에서 진정하고도 올바른 친밀함이 싹틀 수 없다. 그렇게 되면 성은 친밀한 '느낌'만 만들어낼 뿐 사실상은 오히려 친밀함과 반대되는 상태를 만들게 된다.

왜 마트 계산대 옆에 섹스 테크닉을 알려 주는 책이 가득 진열되어 있는지 생각해 본 적이 있는가?

"밤일을 잘하기 위한 아홉 가지 방법." "그녀가 만져 주길 원하는 일곱 가지 부위." 잡지들은 이런 제목으로 쇼핑객들을 유혹한다. 왜 잡지들은 항상 테크닉을 내세울까? 상대를 바꿔가며 섹스를 해도 만족을 느끼지 못한다면 유일한 희망은 테크닉을 향상시키는 것뿐이기 때문이다. 잡지들은 암묵적으로 이런 약속을 던진다. "어쩌면, 정말 어쩌면, 밤일을 잘하기만 하면 영혼 깊은 곳의 답답함이 사라질지도 모른다. 어쩌면 진정한 만족이 찾아올지도 모른다."

잠시 다른 얘기를 하자면, 이것이 포르노가 그토록 파괴적인 이유다. 포르노는 만족에 대한 거짓 약속을 던지는 동시에 우리에게서 진정으로 친밀해질 능력을 점점 앗아간다. 포르노는 성을 순전히 육체적인 것으로 변질시키며, 그렇게 되면 성은 하나님이 본래 계획하셨던 영광스러운 모습을 잃어버린다. 성이 순전히 육체적인 성교 행위로 전락하면 심지어 결혼 안에서도 그 영광이 사라진다. 물론 혼외정사는 말할 것도 없다. 혼외정사는 하나님이 우리의 유익을 위해 주신 명령을 고의적으로 어기는 행위다. 따라서 혼외정사는 자신의 영적 건강만이 아니라 '성적' 건강까지 전부 버리는 짓이다!

아가서 3장 5절에서 되풀이된 경고는 시기적절한 경고라고 할 수 있다. 왜냐하면 대개는 결혼할 시간이 다가올수록 육체적 친밀함에 대한 욕구가 더 강해지기 때문이다. 심지어 결혼식을 코앞에 두면 어차피 곧 결혼할 것이니 선을 넘어도 된다는 생각에 유혹이 더 강해질 수 있다. 구혼 단계에는 육체적 친밀함의 욕구가 걷잡을 수 없이 밀려온다. 따라서 "어차피 결혼할 테니까"라는 내면의 거짓말을 다루고 수시로 고백해야 한다.

꽤 오랫동안 약혼 상태를 유지해 온 사람이라면 누구나 이런 유혹에 공감할 것이다. 억누르고 싸워도 또 다시 유혹이 고개를 처든다. 약혼 기간이 길어질수록 혹은 결혼식 날짜가 다가올수록 유혹은 더 거세진다. "이제 겨우 2주밖에 남지 않았어. 이미 결혼한 것이나 다름없어." 얼핏 맞는 말처럼 들리지만 바로 이것이 솔로몬의 여인이 우리에게 뿌리치라고 부탁한 그 유혹이다. 만약 유혹이 약했다면 여인이 굳이 간청하지도 않았을 것이다.

성경이 기다리라고 말할 때는 우리에게서 뭔가를 빼앗기 위함이 아님을 알아야 한다. 하나님은 우리에게서 좋은 경험을 빼앗으려는 것이 아니라 우리를 더 좋은 경험으로 이끌려고 기다리라고 말씀하시는 것이다. 하지만 세상은 어처구니없는 주장을 펼친다. 예를 들어보자. "서로 성적으로 맞는지 어떻게 아는가?" 당연히 맞는다. 왜냐하면 나는 남자고 그녀는 여자니까.

"결혼생활이 술술 풀릴지 어떻게 아는가?" 물론 술술 풀릴 수 없다. 그래서 은혜의 언약이 중요한 것이다. 방법을 찾아내야 한다. 결혼은 어떤 일이 일어나도 하나님의 도우심으로 함께 헤쳐 나가기로 약속하는 것이다.

하나님 앞에서 서약하기도 전에 그분이 즐기라고 주신 것을 망쳐서는 안 된다. 그분의 뜻에서 어긋나서는 안 된다. 하나님은 우리를 성적 만족보다 더 큰 현실로 이끌고 계신다. 우리의 기쁨과 그분의 영광에 가장 좋은 것으로 우리를 부르신다.

그러니 하나님이 우리를 성적으로 억압하고 계신다고 생각하지 마라. 아가서의 네 번째 장까지 갈 때까지 기다리라! 이 책의 다섯 번째 장에서 아가서의 그 부분을 자세히 다루기는 하겠지만 아가서를 읽으면 하나님께서는 성 이야기에 부끄러워하시는 샌님이 아니다.

세상은 성행위에 부끄러워해야 함에도 부끄러워하지 않는다. 하지만 하나님은 성행위를 창조하시고 우리를 성적 존재로 설계하신 분이니 성 이야기에 부끄러워하시지 않는 것이 너무도 당연하다. 그래서 하나님이 성경을 통해 올바른 성적 만족을 얻기 위해 필요한 모든 것을 소상히 알려 주신 것은 전혀 이상한 일이 아니다. 그런 성적 만족은 결혼의 언약 안에 있는 남녀가 계속해서 새롭게 연합되기 위한 행위로서 성생활을 할 때만 가능하다. 이것이 경건하고도 지혜로운 성생활이다.

하지만 우리 대부분은 성경의 지혜대로 살지 않는다. 당신이 미혼이라면 통계적으로 볼 때 당신은 처녀가 아니다. 당신은 아가서의 경고를 무시한 채 때가 되기 전에 성을 깨웠을 확률이 지극히 높다.

하나님이 말씀을 통해 주신 지혜는 행동규범만이 아니며, 고린도후서 3장 9절을 믿는다면 심지어 행동규범은 하나님의 가장 좋은 지혜도 이니디. 복음이 율법보다 낫고, 성적인 죄를 지은 사람에게는 더더욱 복음이 필요하다.

성경을 보면 하나님이 어떤 분이시며 예수 그리스도를 통해 어떤 일을 이루셨는지에 대한 우리의 시각을 완전히 바꿔놓는 두 가지 이야기가 있다. 두 이야기 모두에서 성적으로 문란한 여성이 등장한다.

첫 번째 이야기는 간음하다가 잡힌 여인의 이야기다. 분노한 종교적 폭도들은 이 벌거벗은 여인을 붙잡았다. 간음한 남자는 놔 둔 것으로 보아 여성 혐오증과 편견에서 찌든 자들이 벌인 일이 아닌가 싶다. 어쨌든 그들은 예수님의 발치 아래로 여인을 끌고 갔다. 그러고 나서 예수님을 함정에 빠뜨릴 심산으로 이렇게 물었다. "율법에 따르면 간음하다가 잡힌 이 여성은 돌에 맞아 죽어야 마땅합니다. 어떻게 할까요?"

잠시, 하나님이 성적인 죄를 지은 당신을 잡으러 성난 군중을 보내셨다고 상상해 보라. 공개적으로 죄를 추궁당하는 수모, 정신적으로 육체적으로 발가벗겨지는 수모, 나체로 끌려와 성난 군중에게 비난과 조롱을 당하고 있다. 두려움이 느껴지는가? 무기력이 느껴지는가? 절망이 느껴지는가?

그들이 당신을 종교계에서 매우 저명한 인사의 발치 아래에 던져놓는다고 상상해 보라. 세상의 법에 따르면 당신의 죄는 사형감이다.

이 여인의 안에서 수만 가지 감정의 폭풍이 용솟음쳤을 것이다. 후회, 두려움, 수치, 절박감, 충격, 이 모두가 한꺼번에 밀려왔을 것이다.

요한복음 8장은 예수님이 몸을 구부려 흙 위에 손가락으로 뭔가를 그리셨다고 말한다. 왜 그러셨는지는 나도 모른다. 하지만 나는 항상 그것이 더없이 멋있는 행동이었다고 생각해왔다. 예수님이 땅에 무엇을 쓰셨는지는 아무도 모르지만 어쨌든 그분은 흙 위에 뭔가를 긁적이시다가 일어나 말씀하셨다. "너희 중에 죄 없는 자가 먼저 돌로 치라."

그 말씀에 노인부터 어린아이까지 모두가 돌을 내려놓고 사라졌다. 하지만 내가 가장 좋아하는 장면은 그것이 아니다. 내가 가장 좋아하는 장면은 예수님이 그 여인의 앞으로 걸어가 그 얼굴에 손을 대시는 장면이다. 아마도 그 손으로 얼굴에 가득한 눈물과 흙, 수치를 씻어주시지 않았을까? 그리고 여인이 절대 마주보고 싶지 않은 눈이 있었다면 그것은 바로 예수님의 눈이었을 것이다. 세상에서 가장 거룩하신 분의 눈! 그분이 그녀에게 말씀하셨다. "여자여, 너를 고발하던 그들이 어디 있느냐? 너를 정죄한 자가 없느냐?"

"없나이다." 그러자 이스라엘의 거룩한 왕께서 대답하셨다. "나도 너를 정죄하지 아니하노니 가서 다시는 죄를 범하지 말라." 이 구절을 읽고 나니 가장 수치스러운 죄인들을 위해서도 은혜가 넘친다는 생각이 들지 않는가?

또 다른 이야기가 있다. 예수님께서는 사마리아를 통과하시다가 정오 즈음에 야곱의 우물에서 발길을 멈추셨다. 그때 한 여인이 우물로 다가왔다. 그런데 정오는 보통 여인들이 우물을 길러 오는 시간이 아니었다. 대부분은 한낮의 열기를 피해 이른 아침이나 늦은 저녁에 우물을 길러 왔다. 하지만 이 여인은 햇볕이 작열하는 한낮에 우물에 왔다. 대부분의 학자들은 여인이 사람들의 눈을 피하려고 그 시간을 택했다고 추정한다. 여인은 수치를 안고 살아가는 사람이었다. 도저히 다른 여인들의 조롱하는 눈빛을 견딜 수 없어서 사람이 없는 한적한 시간을 골라 물을 길러 왔다.

예수님은 이 여인과의 이어진 대화를 통해 그녀가 여러 번 결혼을 했고 지금 사는 사람은 남편이 아니라는 점을 꼬집으셨다. 일종의 '섹스 파트너'였을 것이다. 예수님은 예배라는 주제로 대화를 시작하셨지만 결국 그 대화를 통해 그분이 왕이라는 현실을 일깨워주셨다. 그리고 하나님 나라의 왕 곧 메시야로서 그분에게 이렇게 권하셨다. "너에게 영원히 목마르지 않게 해줄 물을 주고 싶구나"(요 4장을 보라).

이 여인은 싸구려 취급을 받으며 살았고, 그러다보니 스스로도 자신을 싸구려 취급하게 되었다. 그런데 원래 누구보다도 자신을 심하게 정죄해야 할 유대인 남자가 영원히 목마르지 않는 물을 권했다.

목회를 오래 하다 보니 성적 남용의 참혹한 결과를 누구 못지않게 목격했다. 스스로 원해서 스트리퍼나 창녀가 된 여자는 한 명도 없다. 어릴 적 꿈이 몸을 파는 것이었던 여자는 없다. 단지 길고 어두운 터널을 지나다보니 그런 곳으로 흘러들어오게 된 것일 뿐이다. 학대와 억압의 삶에서 벗어나기 위한 절박한 몸부림 끝에 매춘의 길을 선택한 경우가 많다. 그들은 믿었던 사람들에게 이용을 당했다. 하지만 힐끗거리는 눈빛과 조롱하는 입술을 피하려고 애를 쓰는 여인들도 죄 없으신 의로운 메시아 앞에 설 수 있다. 그리고 그런 여인들에 대한 예수님의 반응은 "죄를 씻어라" 혹은 "부끄럽지도 않느냐?"가 아니다.

그분의 반응은 "너에게 영원히 목마르지 않게 해줄 물을 주고 싶구나"다.

예수님은 우물가의 여인에게 사실상 이렇게 말씀하셨다. "너는 이 사람들로 네 갈증을 풀려고 하고 있구나. 너를 괴롭히는 이 지독한 갈등은 네 삶의 감정적 영적 사막에서 비롯하는 것이다. 너에게 영원히 목마르지 않게 해줄 물을 주고 싶구나." 이 여인에 대한 그리스도의 반응은 안타까움을 표시하고 나서 구속의 손길을 내미는 것이었다.

따라서 당신이 만약 수치스러운 상황에 있다면 좋은 소식이 있다는 것을 알아야 한다. 평생 과거의 수치로 인해 괴로워하며 살 필요가 없다. 후회에 사로잡혀 살 필요가 없다. 죄책감의 어두운 그림자 아래서 살 필요가 없다. 우주의 거룩하신 하나님. 당신의 죄를 분명히 아시고 회개하지 않는 불순종의 자식들에게 진노를 약속하셨던 하나님. 그분이 당신에게 값없이 완전하고도 영원한 사면을 제시하고 계신다. 예수 그리스도를 통한 구원을 믿는 모든 자는 그분의 의를 얻는다. 그분의 거룩하심이 우리의 것이 된다. 하늘 아버지 안에서 그분의 안전이 우리의 것이 된다. 회개하고 그분을 믿으면 그분의 은혜가 우리의 것이 된다.

그리스도께서는 우리의 과거를 구속하셨으며 우리를 포함한 만물을 새롭게 하실 수 있다. 따라서 지금 당신이 잠시 이 책을 내려놓고 그분의 은혜로 죄를 고백하고 용서를 구하면 완전히 흠 없는 자로 살아갈 수 있다(골 1:22; 유 1:24를 보라).

지금 당신이 성적인 죄의 한복판에 있다 해도 얼마든지 새로워질 수 있다. 혹시 결혼도 하기 전에 육체적 관계를 맺고 말았는가? 그렇다 해도 회개할 수 있다. 남자가 먼저 여성에게 사과하고 용서를 구한 뒤에 앞으로 경건한 방식으로 다가가겠노라 약속해야 한다. 회개하고 하나님의 은혜로 새로워지기에 너무 늦은 때란 없다.

하나님께서 나쁜 의도를 품고 계신다고 생각하지 마라. 하나님은 당신을 불행하게 만들려고 육체적 관계를 참으라고 하시는 것이 아니다. 하나님은 더 좋은 뭔가를 예비하고 계신다. 두 사람이 함께 하나님을 신뢰하고 성경의 지혜와 교회 리더들의 경건한 조언을 믿으면 성적인 친밀함을 추구하는 것보다 훨씬 더 좋은 관계로 나아갈 수 있다.

성적인 죄를 회개하고 복음을 굳게 부여잡을 수 있겠는가? 앞으로 서로를 존중하고 서로의 성화를 위해 함께 노력하겠는가? 그렇게 한다면 결혼생활이 훨씬 더 풍성하고 달콤해 질 것이다.

4장

사랑 깊은 약속

결혼, 두 영혼의 어우러짐이다

내가 목사로서 갖는 가장 소중한 특권 가운데 하나는 결혼식 주례다. 이는 내가 가장 좋아하는 일 중에 하나다. 결혼식장에는 특별한 종류의 에너지가 가득하다. 결혼식은 두 사람을 아끼고 사랑하는 사람들이 한 자리에 모이는 흔치 않은 기회다. 부부의 삶에 가장 큰 영향을 끼친 사람들이 모두 찾아와 하나님이 맺어주신 사랑의 결실을 축하한다.

결혼식장의 미적인 아름다움(드레스 장식, 화려한 디저트, 댄스 플로어까지)도 좋지만 나는 눈에 보이는 아름다움 이면에 있는 아름다움에 특히 관심이 있다. 그래서 나는 지금까지 했던 모든 주례에서 다음과 같은 말을 빼놓지 않고 했다.

> "촛불이며 드레스와 턱시도, 꽃장식까지 모든 것이 아름다운 날입니다. 하지만 이 모든 아름다움 이면에 뭔가가 있습니다. 이것을 놓치면 오늘의 행사는 피상적인 행사로 그치고 말 것입니다. 이 모든 아름다움 이면의 진짜 목적은 창조주보다도 피조물을 더 좋아하는 우리인데도 상관없이 찾아와주시는 하나님의 사랑을 발견하도록 돕는 것입니다."

나는 결혼식을 주례할 때마다 이러한 이면의 현실을 강조하려고 노력한다. 영적 현실을 보지 못하면 결혼의 핵심을 놓치는 것이다. 다른 모든 것은 결혼식을 끝으로 사라진다. 케이크는 사람들의 입 속으로 사라진다. 옷은 대여점으로 돌아간다. 드레스도 창고로 돌아간다. 장식들은 버려지거나 재활용된다. 꽃들은 시든다. 하지만 결혼식이 끝나도 결혼생활은 계속되어야 한다.

나는 주례할 때마다 에베소서 5장 22-23절을 사용한다. 이 구절은 남자가 여자를 사랑하여 언약의 관계로 들어갈 때 어떤 일이 벌어지는지를 설명한다. 이 구절을 비롯해서 바울의 말을 들어보면 남녀의 결혼은 신부인 교회를 향한 하나님 사랑의 그림자다.

따라서 결혼식은 무엇보다도 하나님께 영광을 돌리는 자리가 되어야 한다. 처음부터 끝까지 하나님의 사랑을 축하하는 시간이 되어야 한다. 결혼식장에서 우리는 신랑의 마음속에서 이루어진 '주현절'(Day of Epiphany)을 축하한다. 그날 신랑의 마음속에서 한 여인을 향한 사랑의 불꽃이 튀었다. 물론 이는 생물학적 충동이다. 하지만 우리가 이런 충동을 느끼는 것은 하나님이 인간의 몸을 창조하셨기 때문이다. 여자를 원하는 남자의 열정은 하나님이 그리스도 안에서 사람들을 원하셨다는 점을 보여 주기 위해 존재한다.

결혼식장에서 우리는 한 남자가 한 여자의 사랑을 얻어냈다는 사실을 축하한다. 동시에 그리스도께서 우상숭배와 자기의존에 빠진 인간에게 구혼하여 그분의 친절하고 사랑 가득한 보살핌 속으로 불러내셨다는 사실을 축하한다.

결혼식장에서 신부가 입은 순백의 드레스는 순결한 처녀성을 상징한다. 신부가 실제로는 처녀가 아닐 수도 있다. 하지만 순백의 드레스는 구주께 나아온 모든 죄인이 그분 앞에서 흠이 없어진다는 사실을 기억나게 해 준다.

부부가 서로에게 결혼 서약을 하는 것은 하나님이 두 사람을 단순히 로맨틱한 사랑으로 부르신 것이 아니라 특별한 종류의 사랑 즉 끝까지 변함없는 사랑으로 부르셨기 때문이다.

남자는 리더십과 희생을 약속한다. 여자는 신뢰와 존경을 약속한다. 이런 패턴의 서약은 복음의 진리를 보여 준다.

결혼식의 중심에 예수 그리스도의 복음이 없으면 결혼생활의 중심에도 복음이 없을 가능성이 높아진다. 이는 큰 실수다. 결혼생활 자체는 복음을 비추는 최고의 거울이 되도록 설계되었기 때문이다.

계약 vs 언약

아가서로 돌아가기 전에 에베소서 5장 22-23절을 살펴보고 싶다. 이 구절은 남자가 여자와 언약의 관계를 맺는 모습을 통해 우리가 무엇을 볼 수 있는지를 말해 준다. 결혼은 불완전하게나마 그리스도와 교회의 관계를 보여 주는 그림이다.

> 아내들이여 자기 남편에게 복종하기를 주께 하듯 하라 이는 남편이 아내의 머리됨이 그리스도께서 교회의 머리됨과 같음이니 그가 바로 몸의 구주시니라 그러므로 교회가 그리스도에게 하듯 아내들도 범사에 자기 남편에게 복종할지니라 남편들아 아내 사랑하기를 그리스도께서 교회를 사랑하시고 그 교회를 위하여 자신을 주심 같이 하라 이는 곧 물로 씻어 말씀으로 깨끗하게 하사 거룩하게 하시고 자기 앞에 영광스러운 교회로 세우사 티나 주름 잡힌 것이나 이런 것들이 없이 거룩하고 흠이 없게 하려 하심이라 이와 같이 남편들도 자기 아내 사랑하기를 자기 자신과 같이 할지니 자기 아내를 사랑하는 자는 자기를 사

랑하는 것이라 누구든지 언제나 자기 육체를 미워하지 않고 오직 양육하여 보호하기를 그리스도께서 교회에게 함과 같이 하나니 우리는 그 몸의 지체임이라 그러므로 사람이 부모를 떠나 그의 아내와 합하여 그 둘이 한 육체가 될지니 이 비밀이 크도다 나는 그리스도와 교회에 대하여 말하노라 그러나 너희도 각각 자기의 아내 사랑하기를 자신 같이 하고 아내도 자기 남편을 존경하라(아 5:22-23).

여기서 아내의 복종과 남편의 희생, 특히 복종은 오늘날 인기 있는 개념이 아니다. 하지만 성경에서 부부에게 특별히 이런 명령을 하는 것은 그것이 그만큼 육체의 욕구에 반하기 때문이다. 성령의 심오한 역사가 아니면 아내들은 남편에게 복종하려고 하지 않는다. 성령의 심오한 역사가 아니면 남편들은 아내를 위해 희생하려고 하지 않는다. 따라서 성경적인 결혼생활이 가능하려면 하나님의 은혜가 필요하다. 남편과 아내가 자기를 부인하고 십자가를 지고 그리스도를 따라 그분의 사랑으로 배우자를 사랑하는 것, 이것이 결혼이 복음의 진리를 보여 주는 또 다른 방식이다.

이는 세상의 방식과 전혀 다르다. 결혼에 대한 세상의 방식은 은혜의 언약보다는 사업 계약에 더 가깝다. 열여섯 살만 넘으면 삶의 대부분이 계약에 따라 이루어진다. 예를 들어, 휴대폰을 사면 이동통신 사업자와 계약 관계에 들어간다. 자동차를 사면 할부금을

다 갚을 때까지 계약에 묶인다. 집을 구입하면 대출 계약서에 서명을 한다. 집을 임대하면 임대 계약서에 서명을 한다. 보험에서 케이블 텔레비전까지 뭐든 비용을 지불하는 서비스는 계약을 통해 이루어진다. 심지어 공공장소에서 와이파이를 이용할 때도 서비스 조건에 동의하는 서명을 해야 할 수가 있다. 어디를 가나 서명해야 할 계약서 천지다. 우리는 계약의 세상에서 살고 있다.

기본적으로 계약은 제품이나 서비스의 교환 조건에 대해 두 사람 사이에서 이루어지는 합의다. 한 사람이 다른 사람에게 뭔가를 받고서 제품이나 서비스를 제공하기로 합의하는 것이다. 그리고 대부분의 계약에서 그 뭔가는 바로 돈이다. 계약은 관계적인 상호작용이 아니라 사업적인 상호작용이다.

계약이 사업적이라는 것은 한쪽이 계약 조건을 어기면, 즉 약속한 서비스를 제공하지 않거나 서비스에 대한 비용을 지불하지 않을 때는 계약이 파기되거나 새로운 협상이 필요하다는 뜻이다.

예컨대, 휴대폰을 샀는데 인터넷이 터지지 않는 식으로 문제가 끊이지 않으면 번호이동을 하기 마련이다. 적잖은 돈을 지불했는데 안정적인 서비스를 받지 못하면 관계를 지속할 이유가 없다. 반대로, 사용자가 사용 요금을 지불하지 않으면 한동안 연체 고지서를 받다가 서비스가 끊기고 만다. 계약 관계에서는 한쪽이 계약 조건을 이행하지 않으면 계약이 파기된다.

그런데 계약 결혼이라는 말이 생겨났다. 많은 사람이 결혼을 미치 사업상 계약처럼 다룬다. "뭐든 50대 50이야. 항상 주는 만큼 받아야 해."

하지만 이는 결혼의 본질을 모르고서 하는 말이다. 결혼의 본질은 복음의 그림자다. 복음이 무엇인가? 예수 그리스도께서는 구속이 필요한 죄인들에게 "너희가 주는 만큼만 주마"라고 말씀하시지 않았다.

결혼은 계약이 아니라 언약이다. 따라서 결혼식에서 서약을 할 때 계약처럼 하지 말아야 한다. 신랑과 신부는 하객들 앞에서 올바른 서약을 해야 한다. 서약이 계약으로 변질되는 일은 절대 없어야 한다. 만약 계약이나 다름없는 서약을 하면 필시 결혼식장 곳곳에서 안타까운 탄성이 터져 나올 것이다. 이런 서약을 상상해 보라. "당신이 잔디를 깎아 주는 한 당신을 사랑하겠습니다." "당신이 계속해서 설거지와 빨래를 해 준다면 당신의 곁을 떠나지 않겠습니다." 신랑과 신부가 이런 서약, 아니 계약을 한다면 단단히 문제가 있는 것이다.

내가 이런 서약을 듣는다면 축의금을 도로 받아서 곧장 집으로 돌아갈 것이다. 물론 실제로 이렇게 서약하는 사람은 거의 없겠지만 마음속으로는 결혼 서약을 이런 식으로 다루는 커플이 얼마나 많은지 모른다.

우리는 죄인이기 때문에 상대방에게서 무엇을 얻을 수 있느냐를 따지는 것이 우리의 본성이다. 우리는 모든 관계를 일종의 계약으로 다루려고 한다. 배우자가 우리에게 잘할 때만 기꺼이 희생한다. 우리는 수긍이 갈 때만 배우자에게 복종한다. 우리는 배우자가 섬겨 주는 만큼만 섬긴다. 하지만 이런 태도는 하나님이 우리와 맺으신 은혜의 언약과 전혀 닮아 있지 않다.

언약 관계에서는 서비스를 물물교환하지 않는다. 조금이라도 덜 주려고 애쓰지 않는다. 오히려 서로를 내어주려고 노력한다. 결혼 서약은 계약이 아니라 언약이다. 그런 의미에서 전통적인 결혼 서약이 바람직하다. "좋을 때나 나쁠 때나, 풍요로울 때나 가난할 때나, 아플 때나 건강할 때나, 죽음이 우리를 갈라놓을 때까지." 어떤가? 언약의 분위기가 풍기지 않는가?

결혼의 언약에서는 남편과 아내가 서로에게 자신을 내어준다. 50대 50으로 주고받는 관계가 아니라 서로에게 100을 전부 주는 관계다. 상대방이 100퍼센트 헌신하지 않는다고 해도 나는 100퍼센트 헌신하는 관계다. 왜냐하면 결혼은 계약이 아니라 언약이기 때문이다. 하나님이 먼저 죄인들을 구원함으로써 은혜의 언약을 보여 주셨으니 우리는 상대방이 아무것도 주지 않는다 해도 100퍼센트를 줘야 한다.

복음 중심의 가정은 아무것도 받지 못해도 전부를 내어주는 가정이다. 그렇게 하는 것이 참된 사랑이며 하나님을 영화롭게 하는 길이기 때문이다.

결혼생활이 기대했던 대로 완벽하게 펼쳐진다면 더할 나위가 없다. 하지만 우리와 마찬가지로 우리가 결혼한 상대도 역시 죄인이다. 그렇다 해도 우리는 배우자에게 전부를 내어줘야 한다.

이것이 성경적 결혼이 그토록 중대한 이유다. 에베소서 5장은 복음의 영광의 무게를 보여 준다. 복종과 희생이 있는 결혼은 이런 복음의 무게만큼이나 중대하다. 죄인인 배우자를 용서하고 사랑할 때 거룩하신 하나님이 우리를 용서하고 구속하신 일이 얼마나 감격스러운 일인지를 조금이나마 이해하기 시작한다.

하나님과 교회의 관계는 계약이 아니라 언약의 관계다. 그리고 교회를 향한 하나님의 언약의 사랑이 실로 대단한 점은 그분이 양 당사자의 의무를 모두 이행하신다는 것이다. 하나님은 내게 그리스도께서 교회를 사랑하신 것처럼 아내를 사랑하라는 명령을 주셨다. 그래서 나는 뭔가를 얻기 위해 아내를 사랑하지 않는다. 그리스도께서 교회를 사랑하신 것처럼 내가 아내를 사랑하는 것은 하나님이 그렇게 명령하셨을 뿐 아니라 그렇게 나를 사랑해 주셨기 때문이다.

물론 아내가 똑같은 사랑으로 갚아준다면 아내를 사랑하기가 훨씬 더 쉽다. 하지만 상대가 똑같은 사랑으로 반응하지 않더라도 상관없이 사랑하는 것이야말로 진정으로 아름다운 사랑이다. 그것이야말로 진정으로 이타적인 사랑이다. 아무것도 바라지 않고 사랑하는 것이야말로 진정한 희생이요 자기부인이다. 행복하고 건강한 가정 안에서도 이런 일방적인 은혜가 필요한 순간이 하루에도 수없이 찾아온다. 사실, 이런 은혜가 행복하고 건강한 가정을 만들어내는 열쇠다!

은혜는 우리를 예수 그리스도께로 이끌어줄 뿐만 아니라 우리를 지탱해 준다. 하나님은 은혜 안에서 우리와 언약을 맺어주실 뿐 아니라 그 언약에 바른 반응을 할 힘까지 주신다.

하나님이 짝 지어 주신 부부

결혼식장에서 순백의 드레스를 입은 더없이 아름다운 신부를 본 적이 있는가? 주님은 그분의 신부를 바로 이런 식으로 보신다. 예수님은 그분의 신부를 흠 없는 순백의 존재로 보신다. 아울러 예수님은 그분의 신부를 기뻐하신다. 그분처럼 결혼의 기쁨은 피로연이 끝나고 신혼초가 지난 뒤에도 계속되어야 한다.

부부는 예수님을 죄인에게 보내 결혼하게 하신 하나님의 사랑을 깨달아 알고 마음에 품어야 한다. 하나님의 사랑은 우리를 열정적으로 추구하는 로맨틱한 사랑이다. 하지만 그 사랑은 성부 하나님이 명령하셨다는 점에서 사명적인 사랑이기도 하다. 그리스도와 신부의 결혼은 성부 하나님이 예정하고 계획하고 맺으신 언약이다. 이 결혼은 하나님의 역사다.

마찬가지로, 부부의 사랑도 오래 가려면 매년이 아니라 매일같이 시들어가는 감정에 의지하지 말아야 한다. 사랑은 하나님의 영원한 목저들에서 비롯해야 한다. 언약의 결혼은 하나님의 역사다.

아가서로 돌아가 3장 6절을 보라. "몰약과 유향과 상인의 여러 가지 향품으로 향내 풍기며 연기 기둥처럼 거친 들에서 오는 자가 누구인가?"

이 커플은 하나님이 자신들을 짝 지어 주셨다는 사실을 축하하고 있다. 여기서 광야 시절의 기억을 떠올리게 만드는 이미지가 사용된다. 하나님께서 이스라엘 자손들을 광야에서 어떻게 인도하셨는지 기억나는가? 바로, 구름 기둥을 통해서다(출 13:21-22를 보라). 하나님이 이스라엘 백성들을 종살이에서 구해내 자유로 이끄신 것처럼 솔로몬과 그의 신부도 하나님의 이끄심에 따라 자기의존의 굴레에서 벗어나 언약의 연합이라는 자유의 땅으로 들어갔다.

여기서 조심해야 할 점이 있다. 나는 하나님이 시공간 안에서 역사하시며 만사를 온전히 다스리신다고 믿어 의심치 않지만 각 사람을 위한 '천생배필'이 있다는 개념에 대해서는 회의적이다. 내가 볼 때 모든 사람에게 자신만의 '소울메이트'가 기다리고 있다는 세상적인 개념은 전혀 신빙성이 있다. 사실, 나는 이것이 언약과 은혜에 반하는 개념이라고 생각한다. 자칫 상대방이 배우자로 적합한지 고려하기보다는 조사하고 심지어 심문하게 될 수도 있다. 신실한 배우자를 찾는 과정이 나를 '완전하게 해 줄' 사람을 찾기 위한 일종의 오디션으로 변질될 수 있다. 어떤가? 교만의 냄새가 풍기지 않는가? 마치 자신이 세상에서 가장 중요한 사람이기라도 한 것처럼 세상 모든 남자 혹은 모든 여자를 철저히 조사한다는 생각이 얼마나 교만한가!

그 어떤 이성도 당신을 완전하게 해 줄 수 없다. 오직 예수님만이 하실 수 있는 것을 배우자에게서 찾으려고 하지 마라. 설령 당신만의 천생배필이 있다 하더라도, 만약 온 세상에서 한 사람이라도 천생배필이 아닌 사람과 결혼을 하게 되면 마치 나비효과처럼 전체 시스템이 흐트러져 당신도 천생배필을 만날 수 없다. 그러니 천생배필을 찾는 일을 그만두라. 천생배필을 찾느니 전설의 유니콘을 찾는 것이 훨씬 더 쉬울 것이다.

물론 하나님은 만사를 온전히 다스리신다. 나는 하나님이 시공간 속에서 역사하신다고 믿어 의심치 않는다. 그것은 내가 그분의 역사를 직접 경험했기 때문이다. 대학에서 꽤 큰 성경 공부 그룹을 이끌 당시 많은 여학생들이 내게 관심을 보이는 바람에 불편했던 기억이 난다. 이 학생들은 나의 진짜 모습이 아니라 내 영향력과 지위에서 오는 이미지에 관심이 있었던 것이다. 그리고 그들 자신들도 이미지를 꾸미는 데 달인들이었다. 그들은 내게 경건한 여인처럼 보이기 위해 무척이나 애를 썼다

기독교 대학에는 목회자와 결혼하기를 소망하는 여학생들이 많다(내가 볼 때 그것은 우리가 하는 일을 잘 몰라서 그런 것이다). 이런 바람은 수많은 잘못된 가정에서 비롯한다.

이런 상황 속에서 지금의 아내를 만났다. 앞서 말했듯이 우리는 차로 다섯 시간쯤 떨어진 곳에서 살았다. 그래서 아내는 내가 성경 공부 그룹을 이끈다는 것만 알았지 천 명이나 되는 사람들을 가르치는 줄은 전혀 몰랐다. 그저 내가 내 아파트에 몇 사람을 모아놓고 성경을 가르치는 줄로만 알았다. 따라서 아내는 아무런 편견 없이 나를 판단할 수 있었다. 아내는 나의 화려한 이미지나 평판에 관해 전혀 모른 채 그저 나라는 사람 자체에 관심을 가졌다.

그렇게 순수하게 나를 사랑해 주는 아내가 좋았다. 이는 하나님의 역사가 분명했다. 그렇지 않았다면 나는 내게 잘 보이려는 다른 여자들에게 얼마든지 넘어갈 수 있었다. 내가 내게 잘 보이기 위해 경건한 척하는 사람이 아니라 진정으로 경건한 사람을 만나게 된 것은 분명 하나님의 역사였다. 목사나 강연자로서가 아니라 나라는 사람 자체를 좋아해주는 사람을 만나서 더없이 기뻤다.

1년 넘게 나와 아내는 장거리 연애를 했다. 그래서 내가 주말에 찾아갈 때를 제외하고는 거의 전화로 사랑을 속삭였다. 나중에 아내는 내가 성경 공부를 가르치는 곳에 찾아와 "아!"라며 놀란 표정을 지었다. 하지만 아내는 그런 것을 보기 전에 이미 나를 사랑했다. 그래서 믿을 수 있었다.

굳이 천생배필이라는 것이 있다면 내 천생배필은 바로 지금의 아내다. 나와 결혼에 골인한 사람이 바로 내 천생배필이다. 지금 나와 아내는 결혼반지를 끼고 있다. 우리는 여러 하객 앞에서 서로에게 결혼 서약을 했다. 하나님이 시공간 속에서 만사를 주관하신 덕분에 우리는 모든 갈등을 뚫고 결혼에 골인했다. 하나님을 믿는 사람들은 결혼의 언약을 맺었다면 상대방을 '천생배필'로 여겨야 한다.

천생배필이란 개념은 결혼생활 속에서 은혜의 여지를 없애고 우리와 한 이불 속에서 자는 저 사람이 정말로 천생배필인지 의심하게 만든다. 특히 결혼생활이 만족스럽지 못할 때는 그런 의심이 수시로 밀려온다. 이기심에 빠질 때, 정욕에 넘어갈 때, 단순히 권태나 짜증을 느낄 때, 그럴 때 우리는 배우자에게 은혜를 베풀려고 하지 않고, 엉뚱한 사람과 결혼해서 이런 일이 벌어졌다는 생각을 하게 된다.

그래서 이런 생각은 결혼을 모독하는 것이다. 왜냐하면 결혼은 하나님의 역사이기 때문이다. 이것이 많은 결혼식이 예수님의 이러한 경고로 마무리되는 이유다. "그러므로 하나님이 짝 지어 주신 것을 사람이 나누지 못할지니라"(막 10:9). 물론 대부분의 사람들이 형식적으로 이 구절을 사용하지만 이 구절은 결혼의 깊은 영적 현실을 담고 있다. 그것은 바로 하나님이 두 사람을 결혼하게 해 주신 것이라는 것이다. 결혼을 하나님의 역사로 보지 않는 것은 결혼에 대한 모독이다.

그래서 솔로몬과 술람미 여인은 하나님이 자신들을 짝으로 맺어주셨다는 사실을 축하하면서 결혼식의 포문을 열었다. 향기

나는 언기리는 표현은 결국 이런 뜻이다. "하나님이 우리 두 사람을 맺어 주기 위해 행하신 일을 보라! 우리가 어떤 난관을 뚫고 이 자리에 서게 되었는지 보라!" 두 사람의 결혼식은 하나님이 그들을 그 순간까지 이끌기 위해 이루신 모든 역사를 축하하는 자리였다.

아가서 3장을 계속해서 읽다보면 그들의 결혼식에서 더 큰 현실을 보여주는 또 다른 중요한 측면을 발견하게 된다. 그들의 결혼식장에 참여한 친구들과 가족들은 언약의 증인뿐 아니라 지지자 역할을 했다.

기뻐하는 공동체

결혼식장에 잔뜩 얼굴을 찌푸리거나 결혼을 반대하는 가족이 있다면 좋은 징조가 아니다. 실제로 이런 일로 결혼식의 의미가 퇴색하는 경우가 생기곤 한다. 예전에는 결혼식을 시작하기 직전에 목사가 "이 연합을 반대하시는 분이 있다면 지금 말씀하시거나 영원히 함구하십시오"라고 말하곤 했다. 하지만 요즘에는 그런 말을 하지 않는다. 그것은 괜히 나서서 분란을 일으키는 사람이 너무 많았기 때문이 아닐까 싶다. 하지만 솔로몬의 결혼식은 그렇지 않았다.

볼지어다 솔로몬의 가마라 이스라엘 용사 중 육십 명이 둘러쌌는데 다 칼을 잡고 싸움에 익숙한 사람들이라 밤의 두려움으로 말미암아 각기 허리에 칼을 찼느니라(3:7-8).

이 남자들은 누구였을까? 바로, 신랑 들러리들이었다. 이는 엄청난 규모의 결혼식이었다. 신랑 들러리만 60명이었으니 말이다. 분명 그들은 모두 아름다운 드레스를 차려입은 60명의 신부 들러리들과 짝을 이루었을 것이다. 그렇게 총 120명의 사람들이 솔로몬과 신부를 안내했다. 그 외에도 그들을 축하하고 지지하는 친구와 동료가 결혼식장을 가득 메웠다. 실로 아름다운 광경이었다.

앞서 말했던 경건한 친구들이 기억나는가? 결혼을 축하해 준 친구들이 기억나는가? 그들이 모두 참여해서 함께 기뻐했다.

내가 기독교인의 결혼식장에서 꼭 보고 싶은 모습 중 하나는 인생길과 신앙의 길에서 신랑과 나란히 걸었던 경건한 친구들이 신랑 들러리로 참여하는 것이다. 신랑이 순결을 지키기 위해 싸우는 동안 그를 위해 기도해 준 친구들, 신랑이 한 여자를 책임질 만한 남자로 성장하는 동안 곁을 지켜 준 친구들, 함께 싸워준 친구들. 상상해 보라. 그런 친구들이 신랑 들러리가 되어 결혼식 전 신랑과 어울리다가 한 친구가 "기도하자"라고 말한다. 그러자 친구들이 일제히 신랑에게 손을 얹고 그의 결혼생활을 위해 기도한다. 상상만 해도 즐겁지 않은가? 물론 신부 들러리들도 신부에게 똑같이 해 주면 얼마나 좋겠는가.

솔로몬의 결혼식은 하나님이 이 부부를 통해서만이 아니라 그들의 삶에 참여한 모든 사람들을 통해 행하신 일을 축히히는 자리였다. 아가서 3장 11절을 보면 알 수 있다. "시온의 딸들아, 나와서 솔로몬 왕을 보라. 혼인날 마음이 기쁠 때에 그의 어머니가 씌운 왕관이 그 머리에 있구나." 부모로서 이 구절이 특히 마음에 와 닿는다. 솔로몬의 어머니는 아들의 결혼을 기뻐했다.

부모의 입장에서 결혼은 보통 힘든 일이 아니다. 어머니가 두 번째 자리로 물러나는 것은 결코 쉽지 않다. 얼마나 어려운지, 하나님이 아들에게 아비와 어미를 떠나 아내와 연합해야 한다는 명령을 특별히 내리셨을 정도다. 아들의 인생에서 두 번째 여자가 되고 싶은 어머니는 어디에도 없다. 그래서 연애와 구혼 과정이 잘 이루어졌다는 증거 중 하나는 어머니가 결혼을 축하하는 것이다.

솔로몬의 어머니는 이 여인이 자신의 아들을 사랑하는 모습을 지켜보았다. 이 여인이 아들의 마음을 얻는 과정을 지켜보았다. 이 여인이 아들의 삶에 기쁨을 주는 모습을 지켜보았다. 그래서 기뻤다. 며느리가 자랑스러웠다. 그래서 아들의 첫 번째 여자 자리를 기꺼이 이 여인에게 넘겨주었다.

결혼식은 어머니만이 아니라 아버지도 기뻐하는 자리가 되어야 한다. 두 딸의 아버지로서 내 역할은 그들이 세상에 나올 때부터 결혼식장에 들어갈 때까지 내가 해 왔던 일을 이어받아 그리스도의 사랑으로 그들을 돌봐 줄 수 있는 남자에게 그들을 넘겨주고 뒤로 물러나는 것이다. 이것이 내 의무임을 안다. 물론 쉽지는 않을 것이다.

휴스턴에 사는 내 친구는 막내딸을 시집보낼 때 결혼식장에 사위가 다가와 딸의 손을 달라고 부탁하자 이렇게 말했다. "잠깐 이야기 좀 하세. 자네가 지금 뭘 요청하고 있는 줄 아는가?"

"물론이죠. 저는 지금 따님과 결혼하게 해 달라고 요청하고 있는 겁니다."

"좋네. 그렇다면 그것이 무슨 의미인지 말해 보게. 예를 들어, 지난 이십사 년간 내가 이 아이를 어떻게 길렀는지 아는가? 이 아이에게 나는 언제라도 달려와 울 수 있는 안식처였네. 나는 이 아이의 모든 고민을 들어주는 귀였네. 나는 늘 이 아이의 장점을 찾아 격려해 주고 약점을 감싸 주었지. 내 대신 이런 일을 해 줄 수 있겠는가? 그렇다면 기꺼이 이 손을 넘겨주겠네. 하지만 그럴 수 없다면 절대 이 손을 놓을 수 없지."

아버지가 애지중지 길러온 딸의 결혼식을 기뻐하는 것은 보통 일이 아니다. 아버지가 (대개) 자신보다 어리고 경험이 부족한 남자에게 딸의 손을 넘기는 것, 그저 함께 있고 싶다는 열정 외에 결혼에 관해 별로 아는 것도 없는 남자에게 딸을 맡기는 것은 결코 쉬운 일이 아니다.

아가서의 이 시점에서 솔로몬과 술람미 여인의 공동체는 다함께 새로운 부부의 탄생을 축하하고 하나님을 예배하면서 결혼식의 분위기를 한껏 띄웠다. 공동체는 솔로몬과 그 신부의 평판을 칭

친했다. 공동체는 그들에게 용기를 주고 귀중한 조언을 해 주었다. 이날 공동체는 이 새로운 연합의 증인이 되었고, 계속해서 이 부부를 지지하겠노라 서약했다.

남편의 희생적인 리드

창세기 3장에 나타난 인류 최초 언약의 연합으로 돌아가 무엇이 잘못되었는지를 보면 아담과 하와의 관계에서 중요한 뭔가가 무너진 것을 확인할 수 있다.

> 뱀이 여자에게 이르되 너희가 결코 죽지 아니하리라. 너희가 그것을 먹는 날에는 너희 눈이 밝아져 하나님과 같이 되어 선악을 알 줄 하나님이 아심이니라 여자가 그 나무를 본즉 먹음직도 하고 보암직도 하고 지혜롭게 할 만큼 탐스럽기도 한 나무인지라 여자가 그 열매를 따먹고 자기와 함께 있는 남편에게도 주매 그도 먹은지라(4-6절).

문제가 보이는가? 마지막 절을 보라. 하와가 "자기와 함께 있는 남편에게도 주매 그도 먹은지라." 뱀이 하나님을 불신하고 그분의 명령을 어기라며 하와를 꾀는 동안 아담은 바로 옆에 서서 가만히 보고만 있었다.

여기서 우리는 극도로 중요한 뭔가를 볼 수 있다. 그것은 바로 수동성이다. 이 수동성은 첫 부부 안에서 나타난 이후로 부부 사이에 발생하는 거의 모든 관계적 문제의 주범이 되었다. 솔로몬의 결혼식 날 우리는 아담에서 시작된 저주를 거부하려는 신랑의 굳은 결심을 볼 수 있다. 이 경건한 신랑은 부부들 사이에 지독히 만연해 있던 수동성을 거부하기로 굳게 결심했다.

> 솔로몬 왕이 레바논 나무로 자기의 가마를 만들었는데 그 기둥은 은이요 바닥은 금이요 자리는 자색 깔개라 그 안에는 예루살렘 딸들의 사랑이 엮어져 있구나(9-10절).

아가서는 아름다운 신부의 모습과 기뻐하는 공동체를 묘사한 뒤에 이어서 솔로몬의 강함을 묘사한다. 하객들은 솔로몬의 힘에 놀랐다. 그들은 솔로몬에게서 강하고 위엄 있는 모습을 보았다.

갑자기 왜 이런 이야기가 나오는지 이상하게 생각할지 모르지만 성경에서 무너진 남성성의 원인으로 수동성의 죄를 끊임없이 지적하는 것으로 볼 때 남자의 강함은 실로 중요하다. 창세기 3장 이후로 수동성의 죄는 계속해서 나타난다. 아내에 관해 거짓말을 한 아브라함, 하나님의 부르심에 변명만 하는 모세, 홍수 이후에 술에 취해 추태를 보인 노아, 예를 들자면 끝이 없다. 무너진 남자들의 근본 원인을 파헤치면 언제나 수동성이 드러난다. 이 수동성의 전형적인 특징은 하나님이 부르시는 일로 뛰어들기를 거부하는 것이다.

솔로몬의 이야기에서 우리는 이런 수동성을 거부하려는 몸짓을 확인할 수 있다. 솔로몬은 신부의 마음을 얻기 위해 적극적으로 노력했다. 기억나는가? 그는 마치 수사슴처럼 산을 달렸다. 계속해서 여인을 추구했다. 그녀를 바위틈에서 불러내기 위해서 애를 썼다. 아무리 봐도 수동적인 남자의 모습이 아니다. 그래서 하객들은 결혼식장에서 그의 강함과 리더십을 칭찬했다. 그는 자신의 힘을 잘 가꿔왔다.

남자들이여, 우리의 가장 중요한 싸움은 정욕과의 싸움이 아니라 인류 타락 이후로 우리의 마음을 병들게 해 온 수동성과의 싸움이다. 아내에게 희생적인 리더십을 발휘하지 않고 가만히 지켜보고만 있는 것이 우리의 가장 큰 문제점이다. "하지만 수동적이기는 커녕 적극적이다 못해 공격적인 남자들이 얼마나 많은지 모른다."

지나친 공격성은 수동성에 대한 과잉보상일 뿐이다. 공격적이고 무례한 행동은 거짓 남성성일 뿐이다. 평화와 인내, 섬김이라는 어려운 길로 가지 않고 반응과 충동이라는 쉬운 길로 가는 것이기 때문이다.

나는 특히 부부 상담을 하면서 이 두 가지 극단을 수없이 보았다. 리더십을 발휘하지 않는 남자들이 너무도 많다. 그들은 전장 속으로 들어가지 않는다. 참여하지 않는다. 하나님이 주신 책임을 맡지 않으려고 한다. 너무 어렵다며 뒷걸음을 친다. 일이나 운동, 문제 해결에서는 힘들어도 끝까지 해 내는 모습을 보이지만 관계라는 문제 앞에서는 갑자기 작아진다. 하지만 관계야말로 가장 중요한 문제다!

하나님의 말씀을 따르는 남자가 되기란 어렵다. 반면, 면도만 하는 소년이 되기는 정말 쉽다. 진짜 남자가 되려면 자기희생이 따른다. 아내와 자식들을 위해 자신의 삶을 내려놓아야 한다. 솔로몬의 결혼식에서는 이런 헌신이 보인다. 그의 결심이 훤히 드러난다. 힘과 위엄으로 가정을 이끌려는 의지와 능력이 분명히 보인다.

이런 힘은 하나님에게서 온다. 남자들에게 가장 중요한 싸움은 수동성을 거부하고 매일 자신에 대해 죽으면서 책임을 받아들이는 것이며, 이 싸움에서 이기기 위해서는 그리스도 안에서 하나님의 은혜에 전적으로 의지해야 한다. 성경은 하나님의 은혜가 곧 능력이라고 말하기 때문에 실로 의지할 만하다.

솔로몬의 결혼식에는 하나님의 능력을 보여 주는 증거가 가득했다. 모든 것이 하나님 은혜의 색으로 물들어 있었다. 우리의 관계가 솔로몬과 술람미 여인의 패턴을 따르면 우리의 결혼식, 나아가 결혼생활 속에도 기쁨과 은혜가 충만할 것이다.

Part 2

드디어 결혼, 하다

더 사랑하고 더 성장하기
원하는 부부들을 위해

친밀함

결혼의 목표는 '한 몸'이 되는 것이다.

우리는 아가서를 통해 이 신혼부부의 첫 맛남에서 연애와 구혼, 결혼식까지의 전 과정을 살펴보았다. 나아가, 이 부부는 첫날밤을 치르는 방까지 우리를 데리고 들어가 자신들의 관계가 어떠한지를 숨김없이 보여준다.

그렇다. 아가서 4장은 바로 첫날밤의 성적 결합을 묘사하고 있다. 이 묘사는 지극히 시각적이지만 전혀 상스럽지 않다.

하나님의 은혜와 부부의 순종을 통해 억제되었던 성욕이 거침없이 분출되는 모습을 볼 수 있다. 솔로몬과 신부는 감정적으로 정신적으로 가까워지는 내내 스스로를 절제했다. 관계가 깊어지면서 서로를 향한 성욕이 점점 강해졌지만 때가 되기 전까지 그 사랑을 깨우지 않았다.

하지만 이제 때가 되었다. 두 사람은 공동체와 가족 앞에서 결혼 서약을 했다. 하나님과 서로의 앞에서 죽을 때까지 '아하바'의 사랑을 지켜나가기로 맹세했다. 언약이 맺어졌다. 이제 그들은 결혼식장을 떠나 호텔에 도착했다.

결혼식 날까지 육체적 관계를 참으면 기대감이 최고조에 달한다. 첫날밤을 치를 호텔방으로 그야말로 달려가게 된다. 가벼운 긴장감과 함께 말할 수 없는 흥분을 느낀다. 오랫동안 기다리던 것이 드디어 허락되었다.

그런데 첫날밤을 치르고 나서 "이게 다야?"라고 말하는 부부가 의외로 많다. 세상은 성을 황홀경에 빗댄다. 그런데다 아주 오랫동안 기다리다보면 기대감은 부풀대로 부풀어 오른다. 다시 말해, 성을 실제보다 더 대단하게 상상하게 된다. 따라서 솔로몬과 신부의 첫날밤에 관해 읽을 때 꽤 주의가 필요하다. 잘못 읽으면 자칫 우리의 기쁨을 빼앗길 수 있다.

그런가 하면 결혼한 지 오래 되고, 자녀를 키우고 일을 하느라 바쁘고, 나이가 많이 먹으면, 아가서 4장을 읽으면서 '무슨 동화 같은 소리야?'라고 말할 수 있다.

따라서 또 다른 주의가 필요하다. 아가서 4장이 '이상적인 성'

을 묘사하고 있다는 점을 기억해야 한다. 아가서 4장은 순결을 지켜나가는 동안 다른 모든 측면에서 서로 깊이 연결되어 있던 부부 사이의 첫날밤을 묘사한 것이다. 아가서 4장에서 묘사한 성적 결합은 비육체적인 친밀함이 쌓이고 쌓였다가 댐이 열리면서 한순간에 쏟아져 나오는 것과도 같다. 두 사람의 마음이 가득 차고 희망이 부풀어 올랐다. 여기서 묘사된 것은 이상적인 성이다. 하지만 나는 우리가 결혼한 지 오래 되어 첫날밤의 기억조차 가물가물하다 해도, 심지어 첫날밤이 잊고 싶을 만큼 끔찍했다고 해도, 아가서 4장의 몇 가지 원칙을 우리 자신의 성생활에 적용할 수 있다고 생각한다. 아가서 4장은 하나님이 원하시는 성이 어떤 모습인지를 보여 준다. 첫 번째 특징은 서두르지 않는 것이다.

성은 로맨틱하다

한 육체가 아닌 한 영혼과 사랑을 나누면 말할 수 없이 강력하고 만족스럽고 아름다운 뭔가가 일어난다. 아가서 4장은 믿을 수 없는 심오한 선포로 시작된다. "내 사랑 너는 어여쁘고도 어여쁘다. 너울 속에 있는 네 눈이 비둘기 같고 네 머리털은 길르앗 산기슭에 누운 염소 떼 같구나."

솔로몬이 무엇에 관한 이야기를 하고 있는 것인가? 눈에 관한 이야기를 하고 있지만 단순히 눈에 관한 이야기만은 아니다. 분명 외모에 관한 평이지만 단순히 "섹시하게 생겼다"라고 말하고 있는 것이 아니다. 솔로몬은 외모에 대한 평을 통해 그녀를 인정해 주고 있는 것이다.

두 사람은 첫날밤을 치를 방 안에 있다. 솔로몬은 턱시도를 입고 있고 여인은 드레스를 입고 있다. 솔로몬이 지그시 그녀를 바라보고 있다. 방 안에는 오직 두 사람뿐이다. 60명의 신랑 들러리와 60명의 신부 들러리는 모두 집에 갔다. 마침내 오랫동안 절제해 왔던 것이 허락된 순간, 솔로몬은 여인의 눈, 아니 영혼 속을 들여다보면서 말한다. "어여쁘다."

"어여쁘다!" 솔로몬은 여인의 육체와 영혼에 넋이 나가 있다. 그는 "예쁜 눈이네"라고 무미건조하게 말하지 않았다. 그는 계속해서 내면의 시를 풀어냈다. 그는 결혼만 하면 끝인 것처럼 굴지 않았다. 그는 결혼이라는 소기의 목적을 달성한 뒤에도 계속해서 여인에게 로맨틱하게 다가간다. "네 눈이 비둘기 같고 네 머리털은 길르앗 산기슭에 누운 염소 떼 같구나."

혹시 몰라서 말하자면 이 문장을 아내에게 그대로 사용해서는 곤란하다. 아내를 꼭 안고 "여보, 당신의 머리카락이 꼭 염소 같구려"라고 말했다간 솔로몬과는 전혀 다른 반응을 얻게 될 것이다. 그러니 그의 말이 아니라 그의 생각을 훔치라.

솔로몬은 계속해서 여인의 아름다움을 관찰하고 시로 칭찬한다.

네 입술은 홍색 실 같고 네 입은 어여쁘고 너울 속의 네 뺨은 석류 한 쪽 같구나. 네 목은 무기를 두려고 건축한 다윗의 망대 곧 방패 천 개, 용사의 모든 방패가 달린 망대 같고(3-4절).

다시 말하지만, 두 사람은 이 순간을 위해 순결을 지켜왔다. 그리고 그들의 로맨틱한 분위기는 결혼식과 함께 끝나지 않고 첫날밤까지 계속해서 이어졌다. 아직 옷을 벗지도 않았는데 솔로몬은 아내에게 넋이 나가 있다.

여기서 매우 중요한 원칙을 하나 발견할 수 있다. 특히, 남자들은 이 원칙을 꼭 기억해야만 한다. 남편들이여, 솔로몬이 여인에게 어떻게 다가갔는지 눈여겨보라. 절대 서두르거나 거칠게 다가가지 않는다. 심지어 아직 여인을 만지지도 않는다. 처음 얼마 동안은 "당신의 영혼이 아름답소"라는 말로 친밀함만 쌓아간다.

솔로몬은 서두르지 않는다. 여인의 아름다움을 응시하고 눈부터 입, 뺨, 목까지 천천히 그녀를 칭찬한다. 이 모든 과정이 더없이 로맨틱하다. 보다시피 아직 눈길이 목 아래로도 내려가지 않았다. 아직 가슴까지 내려가지 않았다. 그는 시간을 두고 위에서부터 천천히 내려가면서 하나씩 빠짐없이 칭찬한다.

솔로몬이 그렇게 할 때 여인의 긴장감과 두려움, 열등감은 어떻게 되었을까? 만약 솔로몬이 성급하게 덤볐다면 여인의 가드가 다시 올라갔을 가능성이 높다. 하지만 솔로몬은 옷을 벗기기 전에 천천히 긴장감을 풀어주었다. 이전 장에서 볼 때 여인은 다른 여자들처럼 외모에 대해 적잖은 열등감을 안고 있었다. 솔로몬은 이것을 알고 있었다. 그리고 그는 매우 지혜로운 사람이었기 때문에 열등감에 빠진 여인들의 경계심이 강하다는 것도 알고 있었다.

"늙은 여자들"(Older Women)이란 컨트리 송을 기억하는가? 로니 맥도웰(Ronnie McDowell)이 부른 이 노래처럼 여자는 나이를 먹을수록 자신의 외모에 대해 편안해진다. 물론 솔로몬은 늙은 여자와 결혼하지 않았다. 하지만 그는 이 원칙을 잘 이해하고 있었다. 그러니까 그는 신부가 자신의 외모에 대해 자신감을 품고 신랑이 자신을 있는 모습 그대로 아름답게 여긴다고 확신하기 전까지는 자신을 완전히 열지 않는다는 점을 잘 이해하고 있었다.

또한 솔로몬은 여자가 남자와 똑같은 방식으로 달아오르지 않는다는 점도 잘 알고 있었다. 남자와 달리 대부분의 여자들은 항상 성적으로 '준비되어' 있지는 않다. 여자들에게는 시간과 부드러운 다룸이 필요하다. 그래서 여자는 전자레인지가 아니라 뚝배기라는 말도 있다. 솔로몬은 신부의 몸과 마음을 천천히 풀어준다. 서두르지 않는 태도와 여자를 깊이 이해하는 데서 나오는 시적인 표현들처럼 하나님의 말씀 안에서 이루어지는 부부의 성은 지극히 로맨틱하다.

성은 부드럽다

솔로몬은 신부의 육체적인 아름다움을 점점 더 깊이 들여다
보았다. "네 두 유방은 백합화 가운데서 꼴을 먹는 쌍태 어린 사슴
같구나"(4:5). 신부의 옷이 반쯤 벗겨져 가슴이 드러나고, 신랑은 그
가슴을 시적으로 칭찬한다.

이 비유는 해독하기가 다소 어렵지만 나름대로 분석해 보겠
다. 생각해 보라. 어린 사슴 두 마리가 백합화 가운데서 풀을 뜯고
있다면 어떻게 다가가겠는가? 자연을 아끼는 마음이 조금이라도
있는 사람이라면 어떻게 할까? 일단, 마구 달려들지는 않을 것이
다. 대신, 숨을 죽인 채 조심조심 다가갈 것이다. 그렇게 해서 이 사
슴들 앞에 이르면 녀석들의 목에 냅다 목줄을 걸지는 않을 것이다.

무슨 말인지 알겠는가? 이 구절을 보면 이 부부의 성은 로맨
틱할 뿐 아니라 부드럽다. 부부의 성관계 횟수에 관해 불평하는 남
자들이 많은데 그들이 하는 말을 가만히 들어보면 문제는 그들 자
신에게 있는 경우가 많다. 그들에게 이렇게 말해 주고 싶다. "거칠
게 더듬지 않으면 아내가 좀 더 호응할지도 모른다."

여성들은 천천히 그리고 부드럽게 다가오는 손길에 반응한
다. 여자들도 절정의 순간에는 **빠르고도 강한** 움직임을 원할 수 있
지만 대부분의 여자들은 부드러운 손길을 통해서만 그 순간에 이
를 수 있다. 여자들은 먼저 긴장이 풀려야 한다. 여자들은 꽉 움켜
잡는 것보다 부드럽게 안아주는 것, 더듬는 것보다 부드럽게 쓰다

들어 주길 원한다.

물론 솔로몬은 곧 아내의 가슴을 만지고 거기에 입을 맞출 것이다. 그는 더 깊이 들어가기를 원하고 있다. 단, 그는 그 모든 과정을 더없이 부드럽게 하고 있다. 그는 자신의 만족만이 아니라 신부의 만족, 나아가 신부가 자신의 사랑을 느끼기를 원하고 있다.

이것이 포르노가 그토록 위험한 또 다른 이유다. 포르노는 남자들을 성적으로 어리석게 만든다. 포르노가 좋은 기술을 보여 준다고 생각할지 모르겠지만 전혀 그렇지 않다. 포르노는 문제투성이일 뿐 아니라 완전히 거짓이다. 물론 연기자들이 실제로 성관계를 할지도 모른다. 그러나 이 역시 연기일 뿐이다. 그들은 사랑을 나누고 있는 것이 아니다. 포르노는 성을 통해 서로에 대한 사랑을 표현하는 두 사람이 아니라 단지 기술을 발휘하고 거짓으로 친밀한 척하는 모습들을 담고 있을 뿐이다. 모든 것이 남성 시청자들을 만족시키기 위해 조작된 것이다. 포르노 속의 성은 음란한 남자들이 상상하는 성이다.

포르노에 길들여진 젊은이가 결혼하면 아내가 싫어하거나 혹은 불가능한 것을 요구하게 된다. 이는 부부관계를 불만과 분노, 수치, 불안감으로 이어진다. 포르노는 성이 무엇인지를 보여 주는 것이 아니라 남성의 색욕이 무엇인지를 보여 줄 뿐이다.

하나님이 창조하신 모습 그대로의 성은 매우 로맨틱하고 강렬한 동시에 더없이 부드럽다. 이제 강렬함에 관한 이야기를 해 보자.

성은 열정적이다

아가서 4장 6절에서 우리의 새신랑은 첫날밤의 기쁨을 이렇게 표현한다. "날이 저물고 그림자가 사라지기 전에 내가 몰약 산과 유향의 작은 산으로 가리라."

무슨 말인지 이해했는가? 솔로몬은 기본적으로 이렇게 말하고 있는 것이다. "한동안 여기 머물자." 그는 아침 해가 떠오를 때까지 사랑 나누기를 원하고 있다. 산과 작은 산이라는 말이 나온다고 해서 등산을 떠올리면 곤란하다. 산과 작은 산은 신부 혹은 신부의 특정 부분들을 지칭하며, 신랑은 그것들을 아주 오랫동안 즐기고 싶다고 말하고 있는 것이다.

이 점이 중요한 것은 부부관계가 로맨틱하고 부드럽되 밋밋해서는 안 되기 때문이다. 솔로몬이 전희의 순간에 절제를 하고 있지만 그의 안에 열정이 없지는 않다. 그는 신부에게 완전히 넋이 나가 있다. 그녀를 간절히 원하고 있다. 하나님이 그의 안에 불어넣으신 성욕의 불이 점점 더 뜨겁게 불타오르고 있다. 하나님은 부부관계가 로맨틱하고 부드러울 뿐 아니라 정열적이기를 원하신다.

이 신혼부부의 성은 열정적이다. 특히나 솔로몬의 마음만큼은 더없이 열정적이다. 그는 이렇게 말하고 있다. "어디도 가지 않고 여기 있을 것이다. 지금은 어디도 가고 싶지 않다." 관계에 있어 다른 것에 집중하지 않는다. 시계를 보거나 신부의 어깨 너머로 텔레비전을 보고 있지 않다. 일 생각을 하고 있지도 않다. 온전히 신부에게 정신을 집중하고 있다. "이 순간이 영원했으면."

솔로몬과 같이 부부의 잠자리에 대해 열정을 품어야 한다. 서두르지 마라. 돌진하지 마라. 또한 수만 가지 잡생각을 하지 마라. 한눈을 팔지 마라. 아무런 방해도 받지 마라. 이상적인 부부관계는 사랑으로 충만해서 점점 열정이 강해진다. 4장 7절을 보라. "나의 사랑 너는 어여쁘고 아무 흠이 없구나."

보라. 전혀 열정이 줄어들지 않았다. "너는 어여쁘고"라는 말로 볼 때 솔로몬은 신부의 온 몸을 본 것이 분명하다. 이제 신부는 완전히 벗고 있다. 그 당시는 여성의 몸이 옷에 완전히 가려져 있던 시대다. 당시 여성들은 몸매가 드러나는 옷을 절대 입지 않았다. 따라서 솔로몬이 신부의 가슴 크기, 엉덩이 형태, 다리 모양을 제대로 본 것은 이번이 처음일 것이다.

신부도 잔뜩 긴장해 있었을 것이다. 신랑이 자신의 몸을 마음에 들어 하지 않는다면? 신랑이 실망감을 드러낸다면? 신부는 신랑이 자신의 몸을 보고 흡족해 하기를 바라고 있다.

솔로몬은 주저 없이 탄성으로 화답한다. "아무 흠이 없구나." 신부가 실오라기 하나 걸치지 않고 눈앞에 서 있는 그 순간, 모든 새신랑과 마찬가지로 솔로몬도 은혜를 베풀지 비판을 할지 선택의 기로에 서 있다. 인류 최초의 부부처럼 두 사람은 서로에게 전부를 드러내고 있다. 죄가 세상에 들어오기 전 아담과 하와는 "벌거벗었으나 부끄러워하지 아니하니라." 이것이 모든 부부가 추구해야 할

열성과 친밀함, 안전의 상대이며, 남편에게 앞장서서 이런 상태를 만들어낼 책임이 있다.

솔로몬과 신부는 첫날밤을 치르는 방 안에 벌거벗은 채로 있지만 전혀 부끄러워하지 않고 있다. 신랑은 신부를 사랑하기에 편안하게 해 주려고 애를 쓴다. 그 무엇도 신부를 향한 그의 열정적인 사랑을 식힐 수 없다.

> 내 신부야 너는 레바논에서부터 나와 함께 하고 레바논에서부터 나와 함께 가자 아마나와 스닐과 헤르몬 꼭대기에서 사자굴과 표범 산에서 내려오너라(8절).

도대체 무슨 일이 벌어지고 있는 것인가? 이제 지겨워서 동물원에나 가려는 것인가? 그렇지 않다. 솔로몬은 신부를 향한 열정으로 완전히 넋이 나갔다. 산꼭대기, 사나운 들짐승들, 이는 열정을 의미한다. 두 사람은 정신이 나갈 정도로 강한 열정에 휩싸였다. 너무 좋아서 구름 위를 떠다니는 기분이 든 적이 있는가? 두 사람은 너무 좋아서 마치 광활한 자연에 나와 있는 기분을 느끼고 있다.

솔로몬이 신부에게 소리를 친다. "나와 함께 가자." 그렇게 그는 신부를 열정적인 쾌락으로 이끌고 있다. "나를 따라오시오. 당신을 사랑의 극치로 데려가고 싶소." 한 주석가는 이렇게 말했다. "이는 단순히 신랑이 신부가 좋아서 하는 말로 보인다. 이는 '당신을 내게 맡기시오'라는 뜻이다. 당신은 내 것이오. 과거를 떠나 미래에서 즐기시오."[1]

　　두 사람의 부부관계에서 나타난 열정은 단순한 성욕이 아니다. 그것은 결혼의 목표를 이루려는 갈망이다. 결혼의 목표가 무엇인가? 바로 '한 몸'이 되는 것이다(창 2:24). 진정한 연합이 이루어지고 있다. 두 사람은 새로운 뭔가가 되어가고 있다.

　　진정으로 부부가 성적으로 연결이 되면 열정이 주체할 수 없이 넘칠 수 있다. 결혼한 사람이라면 이런 경험을 해 봤을지도 모르겠다. 물론 이런 경험이 매번 똑같은 모습이지는 않겠지만 두 사람이 감정적, 정신적으로 완벽히 하나가 되어 모든 실린더에서 불을 내뿜은 상태에서 이루어지는 성적 결합은 단순한 성관계와는 차원이 다르다. 한편, 솔로몬의 시적인 사랑 고백은 멈출 줄 모른다.

> 내 누이 내 신부야 네가 내 마음을 빼앗았구나 네 눈으로 한 번 보는 것과 네 목의 구슬 한 꿰미로 내 마음을 빼앗았구나 내 누이 내 신부야 네 사랑이 어찌 그리 아름다운지 네 사랑은 포도주보다 진하고 네 기름의 향기는 각양 향품보다 향기롭구나 내 신부야 네 입술에서는 꿀방울이 떨어지고 네 혀 밑에는 꿀과 젖이 있고 네 의복의 향기는 레바논의 향기 같구나(9-11절).

　　솔로몬은 신부에게 열정적이고도 감각적으로 입을 맞춘다.

좀 이상하게 들릴지 모르지만 신부를 향한 그의 열정적인 사랑은 게걸스럽게 느껴질 정도다. 신부의 맛을 꿀방울과 꿀, 젖에 비유한 것은 그가 그만큼 그녀의 사랑을 한껏 들이마셨다는 뜻이다. 실제로 아가서 5장 1절에서는 연인들이 사랑에 취해 있어야 한다고 말한다. 잠언 5장 19장에서도 젊은 남편이 항상 아내의 사랑에 취해 있어야 한다고 말한다.

단, 정욕과 무절제한 욕구를 열정적인 사랑으로 오해해서는 곤란하다. 서두르거나 강압적인 태도를 열정과 혼동해서는 안 된다. 포르노에서 저급한 로맨스 소설까지 우리 사회는 무례함을 열정으로 둔갑시키곤 한다. 물론 부부가 서로 좋아서 열정적인 사랑을 나눌 수는 있지만 그럼에도 로맨틱함과 부드러움은 여전히 남아 있어야 한다. 그리고 지금까지 살폈듯이 솔로몬과 신부의 부부 관계는 정열적으로 시작되지 않았다. 또한 둘 중 한 사람만 달아오르지 않았다. 이 열정은 남편과 아내가 모든 면에서 깊이 연결된 결과였다. 두 사람은 부부관계 전에 충분히 사랑을 속삭였기 때문에 함께 활활 타오르게 된 것이다.

이런 열정에는 한계가 없다. 베치 리쿠치(Besty Ricucci)는 이렇게 말했다. "언약의 사랑과 상호 섬김의 배경 속에서는 열정이 아무리 넘쳐도 지나치지 않다. 성경은 우리의 성적 친밀함이 열정적이어야 한다고 말한다."[2]

이런 열정 대신 음란한 욕구를 품으면 성행위가 저질스러운 행위로 전락한다. 심지어 결혼한 부부의 관계도 그렇게 될 수 있다. 부부가 특정한 성행위에 동의한다고 해서 그것이 반드시 옳은 행위인 것은 아니다. 심지어 믿는 부부도 "하나님을 모르는 이방인과 같이 색욕"을 따라 성관계를 맺을 수 있다(살전 4:5).

솔로몬과 신부는 음란한 충동이 아닌 열정에 따라 사랑을 나누었다. 남편과 아내의 연합은 성적 친밀함을 통해 결실을 맺고, 이 연합은 두 사람의 성을 성 이상으로 만든다. 이것이 성경적으로 볼 때 성에 신성한 측면이 있는 이유다.

성은 거룩하다

4장에서도 열정이 계속해서 타오르지만 약간 분위기가 바뀐다. 두 사람은 열정적인 경험을 통해 부부간 성행위만의 특별한 뭔가, 결혼의 울타리 밖에서는 불가능한 뭔가를 발견한다.

> 내 누이 내 신부는 잠근 동산이요 덮은 우물이요 봉한 샘이로구나 네게서 나는 것은 석류나무와 각종 아름다운 과수와 고벨화와 나도풀과 나도와 번홍화와 창포와 계수와 각종 유향목과 몰약과 침향과 모든 귀한 향품이요 너는 동산의 샘이요 생수의 우물이요 레바논에서부터 흐르는 시내로구나(12-15절).

전도서를 보면 솔로몬은 대단한 식물학자였다. 그는 단순한 정원 정도가 아니라 아예 하나의 숲을 만들었다. 그의 원예술은 가히 비현실적이었다. 그는 예루살렘에 정원들을 꾸미는 데 인생의 많은 시간을 할애했다. 지금도 비행기를 타고 예루살렘 서편이나 동편으로 날아가 보면 '솔로몬의 연못'(Pools of Solomon)이라는 거대한 구멍들을 볼 수 있다. 그것은 솔로몬이 직접 조성한 숲에 물을 공급하기 위해 만든 것들이다. 그러고 보면 솔로몬은 실로 다재다능한 인물이었다.

이 구절에서 솔로몬은 가장 희귀하고 비싼 식물과 향신료들을 나열하고 있다. 그리고 그것들을 자신의 신부에 빗대고 있다. 솔로몬은 사실상 이렇게 말하고 있는 것이다. "너의 몸은 불가능한 정원, 꿈의 정원, 전설의 정원과도 같구려!" 예를 들어, 계수와 석류는 한 곳에서 키울 수 없기 때문이다. 솔로몬은 신부의 육체를 열정적으로 추구하며 이렇게 선포하고 있다. "당신의 육체는 가장 완벽한 장소라오. 지금 그 장소가 처음으로 발견되고 있소."

잃어버린 도시 아틀란티스나 엘도라도를 떠올려보라. 수세기 동안 발견되지 않은 전설의 땅들을 말이다. 솔로몬은 신부를, 자신의 상상 속에만 존재해온 잃어버린 정원에 비유했다. 그가 발견하기 전까지 오랫동안 굳게 봉인되어 숨겨져 있던 정원이다.

하지만 이 구절은 단순히 신부의 육체라는 숨겨진 땅을 발견하는 것보다 더 큰 발견을 가리키고 있다. 그것은 바로 하나님의 영광을 발견하는 것이다. 예를 들어, 이 부부가 침실에서 누리는 자유는 오랫동안 출입이 금지되었던 지성소로 마침내 들어가는 것과 관계가 있다.

지나친 비유라고 말할 사람도 있겠지만 어쨌든 좋은 비유, 성경적인 비유가 아닌가? 이 남편과 아내 사이에서 '거룩한' 뭔가가 이루어지고 있었던 것만큼은 사실이다. 신성하고 특별하고 독특한 뭔가가 이루어지고 있다.

'거룩한'이란 주로 '특별한 용도를 위해 구별된'이란 뜻으로 정의된다. 그렇다면 성만큼 이 표현이 어울리는 것도 없다. 성은 모두에게 허락되지 않는다. 성은 오직 결혼 안에서만 특별히 사용되도록 구별되었다. 그래서 성은 거룩하다.

이 순간, 솔로몬은 어떤 면에서 이렇게 말하고 있다. "당신도 알다시피 성행위는 어떤 여자와도 할 수 있소. 하지만 지금 우리는 단순히 성행위를 하고 있는 것이 아니라오." 이 부부 사이에는 우정이 쌓여 있다. 둘 사이에는 진정한 사랑, 희생적인 사랑이 흐르고 있다. 서로의 영혼에 대한 진정한 관심이 있다.

물론 두 사람은 육체적인 쾌락을 즐기고 있다. 하지만 신부를 만지려는 솔로몬의 욕구 이면에는 단순한 남성호르몬이나 오르가즘의 욕구 이상의 뭔가가 있다. C. S. 루이스는 이런 말을 했다. "쾌락은 우리의 감각을 치는 영광의 막대다. … 모든 쾌락을 예배의 통로로 삼으려고…."[3] 이 땅에서 어떤 쾌락을 즐기든 그 근원 즉 모든 좋은 것을 주시는 하나님을 기억하고 그분께 영광을 돌려야 한다는 말이다(약 1:17을 보라).

이것이 바로 성이 거룩한 이유다. 성은 우리에게 모든 좋은 것을 주신 분, 그리고 우리와 연합하기를 원하시는 분을 기억하게 해 준다. 그렇다고 해서 성을 너무 영적으로 생각할 필요는 없다. 단지 성경이 규정하는 대로만 성을 즐기고 성이라는 선물을 주신 분께 감사하기만 하면 된다. 성을 거룩하게 보면 배우자를 더 사랑하는 데도 도움이 된다. 게리 토머스(Gary Thomas)의 말을 들어보자.

> 성행위는 분명 육체적 터치이지만 육체적 터치 이상이다. 그것은 우리 안에서 일어나는 일이기도 하다. 만족스러운 성생활을 하려면 빨래판 복근을 만드는 것이 아니라 배려와 섬김에 더 신경을 써야 한다. 아내를 단순히 아름다운 육체가 아닌 하나님의 성전으로 봐야 한다. 심지어 성행위를 일종의 육체적 기도로 삼아야 한다. 성행위가 옛 쉐키나(shekinah) 영광에 버금가는 천상의 친밀함을 보여 주는 그림이 되어야 한다.[4]

성은 상호적이다

아가서 4장에서부터 이 시점까지는 솔로몬이 혼잣말을 했다. 물론 첫날밤을 치르는 방에서 신랑이 리드하는 것은 좋은 일이다.

신랑이 앞장서서 로맨틱한 분위기를 조성하는 동시에 하나님이 부부의 성을 위해 정해 주신 선을 넘지 않았다. 그가 편안하게 해 준 덕분에 신부는 부끄러워하지 않고 거리낌 없이 사랑을 즐겼다.

이제 신부가 말한다. "북풍아 일어나라. 남풍아 오라. 나의 동산에 불어서 향기를 날리라"(16절). 어떤가? 한껏 분위기가 달아오른 것처럼 보이지 않는가? 솔로몬은 신부를 황홀하게 만들었다. 이제 신부는 경계심을 완전히 풀었다. 솔로몬은 신부가 옷을 입고 있을 때도 아름답다고 말했고 옷을 벗었을 때도 아름답다고 말했다. 그는 천천히 그리고 부드럽게 신부를 다루면서 몸 구석구석에 입을 맞추었다. 그래서 아가서 4장 16절에서 신부는 사실상 "어서 들어와요!"라고 큰 소리로 외친다.

유대인들에게 북풍은 힘을 상징한다. 솔로몬은 새벽 동이 틀 때까지 신부의 산과 작은 산을 즐기겠노라 말했다. 신부는 이에 "얼마든지요!"라고 대답한다. "북풍아 일어나라"라는 말은 "멈추지 말아요!"라는 뜻이다.

하지만 남풍은 약간 다르다. 남풍은 북풍과 달리 부드러움을 상징한다. 그렇다면 신부는 이렇게 말한 것이다. "나를 가져요! 하지만 계속해서 부드럽게 대해 주세요." 신부는 이 순간이 지속되기를 원하고 있다. 왜냐하면 그녀도 역시 즐기고 있기 때문이다. 그녀는 황홀경에 빠져 남편과 자유롭게 사랑을 주고받고 있다.

이 구절은 남편과 아내가 함께 즐기는 이상적인 성의 모습을 보여 주고 있다. 그리고 이 구절은 남편이 아내도 즐기기를 바라고 있다는 점을 보여 준다.

부부 사이에서 친밀함을 느끼지 못하면 아내는 성을 더럽거나 금기된 행위로 보게 된다. 혹은 여자가 성을 즐기는 것이 불경하거나 부도덕한 죄라고 생각할 수 있다. 그래서 남편과 성관계를 맺기는 하되 소극적으로 임하는 아내가 너무도 많다.

많은 남자들이 오리무중에 빠져 있다. 아내를 배려하려고 하고, 어떻게 하면 아내를 성적으로 만족시킬지 그 방법을 모색해 보지만 친밀함이 생기질 않는다. 속도를 늦추면 아내가 얼어붙는다. 속도를 내면 상황이 더 심각해진다.

성은 조심하지 않으면 작은 여우들에 의해 포도원이 완전히 파괴되는 삶의 영역 중 하나다. 지금 이런 상황에 처해 있다면 믿을 만한 기독교 상담자를 찾아가 도움을 받길 권한다. 성폭력, 포르노, 그 외의 여러 가지 트라우마가 원인일 수 있다. 과거를 살펴 친밀함을 방해하는 상처를 찾아내면 큰 도움이 될 수 있다. 물론 쉽지는 않다. 하지만 꼭 필요한 일이다. 이 주제는 워낙 복잡해서 이 책에서 다룰 수 없지만 정말로 중요한 주제다. 부부 사이의 친밀함을 방해하는 상처, 열등감, 과거의 트라우마가 있다면 당신 자신의 정신적, 정서적 건강과 가정의 건강을 위해서 꼭 도움을 받기를 바란다.

여자들에게는, 남편들이 자신의 성적인 요구를 받아주는 아내가 아니라 적극적으로 함께 즐기는 아내를 원하고 있다는 말을 해주고 싶다. 많은 여자들이 남편이 원하는 것은 사정일 뿐이라고 생각한다. 물론 남자들이 사정을 원하는 것은 사실이다. 하지만 대부분의 남자들은 아내가 즐기지 않는다는 것을 알면 사정을 하고도 만족스러워하지 않는다.

선티 펠드한(Shaunti Feldhahn)은 《여자들만 위하여》(For Women Only, 미션월드라이브러리 역간)란 책에서 남자들에게 다음과 같은 질문을 던진 설문조사의 결과를 밝혔다.

> 자신이 원할 때마다 성적으로 만족할 수만 있으면 족하다고 생각하는 남자들이 있는가 하면, 아내도 원하는 것을 중요하게 여기는 남자들도 있다. 당신은 어떤가? 아내도 원하는 것이 당신에게는 얼마나 중요한가?[5]

펠드한은 결과를 다음과 같이 소개했다.

> 이 질문은 그 어떤 질문보다도 높은 만장일치 수준을 이끌어냈다. 즉 97퍼센트의 남자들이 "충분한 부부관계를 맺는 것" 자체만으로 충만하지 않다고 말했다. 그들은 아내도 원하기를 원했다. 내가 인터뷰한 한 남자는 이렇게 말했다. "사람들은 여자들이 남자들보다 감정적이라고 생각한다. 남자들은 그저 행위만 원하고 여자들은 감정과 포옹에 더 관심이 있다고 생각한다.

그래서 여자들은 남자들에게 감정이 없다고 생각한다. 하지만 남자들에게도 감정이 있다. 여자가 싫다고 말하면 남자들도 감정이 상한다."

노골적인 거절만 상처를 주는 것이 아니다. 조사에 따르면, 네 명 중 한 명은 자신이 원하는 대로 다 즐겨도 아내가 적극적으로 참여하고 만족스러워하지 않으면 공허함을 느낀다.[6]

남자들에게도 상호성이 단순한 사정만으로는 얻을 수 없는 특별한 즐거움과 만족감을 준다.

솔로몬의 신부가 이 사실을 알았는지 모르겠지만 그녀는 신랑을 기쁘게 할 뿐 아니라 스스로도 즐기기를 원했다. "그 동산에 들어가서 그 아름다운 열매 먹기를 원하노라." 16절의 끝에서 그녀는 신랑에게 어서 자신에게 들어와 즐기라고 부르고 있다.

성생활이 함께 즐기는 것이 되면 둘 다 큰 만족을 얻게 된다.

성은 만족스럽다

솔로몬과 신부의 첫날밤이 정말 대단하지 않은가? 신랑이 멋진 시적 표현으로 신부를 리드하고 신부는 기쁨으로 반응했다. 이 밤은 두 사람이 처음으로 함께 한 밤이었다. 두 사람의 관계가 처음인 것이다. 그래서 두 사람은 서툴렀을 게 분명하다. 둘 다 성의 기술이 그리 좋지는 않았을 것이다.

독자 중에 처녀가 아닌 사람은 첫경험이 기억날 것이다. 그것이 결혼식 첫날밤이었다 해도, 그러니까 더없이 특별한 순간이었다 해도, 필시 관계를 마치고 나서는 혼란스러웠을 것이다.

솔로몬과 신부는 첫날밤에 큰 만족을 경험했다. 하지만 그렇다고 해서 그들이 처음부터 성의 전문가였던 것은 아니었다. 그들은 전혀 경험이 없었다. 그들은 서로의 몸을 잘 몰랐다. 그래서 기술적인 측면에서는 결코 전문가라고 할 수 없었다. 그럼에도 그들은 첫 관계를 더없이 즐겼다. 섹스는 기술이 아니라 하나님이 정하신 성의 리듬 안에서 서로를 발견하는 것이다.

이제 아가서 5장으로 가보자. 페이지를 넘기자마자 사람들의 목소리가 들리는데 이 목소리들 속에서 우리는 하나님의 뜻을 발견할 수 있다. "나의 친구들아, 먹으라. 나의 사랑하는 사람들아, 많이 마시라"(1절).

두 사람은 하루 하고도 반나절을 방 안에 있었다. 그로 인해 밖에서 첫날밤을 잘 치르고 있다는 사람들의 칭찬 소리가 들린다. 뿐만 아니라 하나님도 더없이 흡족해 하고 계신다. "잘했구나. 자, 계속해서 해라."

하나님께서는 성이 그분의 선물이라는 사실을 모든 부부가 알기를 원하신다. 그리고 당연한 말이지만 하나님이 즐기지 말라고 선물을 주시는 경우는 없다. 하나님은 우리가 맛있게 먹기를 원해서 스테이크를 주셨다. 포도주를 주신 것도 우리가 즐기기를 바라서 주신 것이다. 마찬가지로, 하나님은 부부에게 마음껏 즐기라고 성적 욕구를 주신 것이다. NIV성경은 아가서 5장 1절을 "사랑을 잔뜩 마시라"라고 번역한다. 하나님이 우리가 완벽히 만족하기를 바라시지 않는다면 잔뜩 마시라고 하실 리가 없다.

아가서 4장을 종이에 적어 텔레비전이나 컴퓨터 모니터 옆에 붙이면 웬만한 사람은 차마 저질스러운 에로 영화나 포르노를 보지 못할 것이다. 하나님이 창조하신 모습 그대로의 성을 보고 싶다면 아가서 4장을 펴라. 아가서의 이 순간까지 이른 과정뿐 아니라 성에 관한 성경의 다른 가르침들을 보면 하나님이 성적 쾌락을 금하시지 않는다는 것을 알 수 있다. 하나님은 선물을 주실 때 우리가 그것을 올바로 즐기기를 원하신다. 그렇게 하면 선물 자체만이 아니라 그것을 주신 분에 대한 만족을 경험하게 된다.

아가서의 성은 로맨틱하고 부드럽고 열정적이며 거룩하고 상호적이다. 이로 인해 부부가 깊은 만족을 느끼고 하나님이 흡족해하신다. 성을 우상화하지 않고 성을 통해 하나님의 은혜를 믿는 데까지 나아가는 것이 곧 성을 성경적으로 즐기는 것이다.

성은 복음에 관한 것이다

혹시 아가서 4장을 읽고 나서 이런 생각을 하지 않았는가? '정

말 아름다운 모습이지만 나는 타락한 사람이고 이 세상은 타락한 세상이야. 현실적으로는 불가능한 이야기야.'

사람은 누구나 나름의 상처를 가지고 살아간다. 우리 모두는 불안감과 두려움, 망가진 구석을 갖고 있다. 혹시 남편으로서 이렇게 생각하고 있는가? '나는 이미 망쳤어. 나는 솔로몬처럼 아내를 이끌지 못했어. 배는 이미 떠났어.'

혹시 아내로서 이렇게 생각하고 있는가? '남편에게 목석처럼 굴고 싶지는 않지만 어떻게 즐겨야 할지는 모르겠어.'

인간은 지독히 복잡한 존재다. 원래도 복잡한데 죄와 상처, 열등감, 걱정까지 더하면 인생이 해독 불가처럼 느껴진다. 어릴 적에 나로서 정말 이해할 수 없었던 것 중에 하나는 교회에서 일어나는 일이었다. 교회에 가기만 하면 혼란스러웠다. 모두가 행복해 보이는데 도무지 그 이유를 알 수가 없었다. 교회에 다닌 지 얼마 되지 않는 사람이라면 사람들이 두 손을 드는 이유를 궁금하게 생각해 본 적이 있을 것이다. 솔직히, 좀 이상해 보이지 않는가? 앞에 있는 사람에게 질문을 하려는 것인가?

교회에 익숙하지 않은 사람들은 하나님을 생각할 때 교인들의 감정이 북받치는 것을 의아하게 생각한다. 눈물까지 흘리는 이유가 무엇인가?

나는 삶 속에서 역사하시는 하나님의 은혜 덕분에 그 이유가 무엇인지 알게 되었다. 사람들이 축하하는 것은 우리가 추악한 죄인이었을 때도 예수님이 상관없이 사랑해 주셨다는 사실이다.

내가 그리스도를 사랑하는 것은 그분 덕분에 갑자기 인생의 모든 의문이 풀렸기 때문이 아니다. 내가 그리스도를 사랑하는 것은 내가 가장 더러워져 있을 때, 나 자신은 물론이고 그 누구도 나를 깨끗하게 할 수 없을 때, 바로 그때 그리스도께서 "내가 너를 원한다. 내게로 오라!"고 말씀해 주셨기 때문이다.

알다시피 성경은 교회를 그리스도의 신부로 부른다. 따라서 우리는 작은 흠 하나까지 자신을 완전히 드러낸 채로 예수님 앞에 서 있다. 무엇보다도 우리의 죄가 그분의 면전에 적나라하게 드러나 있다. 그런데 전혀 뜻밖에도 은혜의 노래가 울려 퍼지고 신랑께서 우리를 보며 아름답다고, 작은 흠조차 없이 완벽히 의로운 신부라고 선포하신다.

이것이 복음이다. 예수님을 믿는 신자들이라고 해서 세상 사람들보다 더 도덕적이지는 않다는 점을 인정하는 것이 매우 중요하다. 복음의 핵심, 그리고 우리가 축하하는 것은 우리가 할 수 있다는 사실이 아니라 그리스도께서 해 주셨다는 사실이다.

망가진 사람들에게는 친밀함이 어렵다. 그래서 예수님이 필요하다. 그분의 도움이 필요하다. 하나님은 우리의 죄에도 불구하고 예수 그리스도 때문에 우리를 선택하고 용서하고 받아주셨다. 이 놀라운 현실에 가까이 다가갈수록 그 은혜가 우리의 결혼생활을 뒤덮는다. 우리 삶 속에서 나타난 그리스도의 은혜로 인해 배우자를 대하는 태도가 달라진다. 하나님이 우리를 용서하셨다는 사실을 기억하면 우리도 배우자의 죄를 용서하고 그의 흠을 눈감아 주게 된다.

이런 식으로, 우리가 노력하면 복음이 우리의 성도 뒤덮을 수 있다. 예수님께서 망가진 우리를 원하셨으니 우리 역시도 얼마든지 망가진 배우자를 원할 수 있다. 그리스도 안에서는 얼마든지 가능하다. 노력하고 애를 쓰기만 하면 된다.

성이라는 선물을 사랑하고 배우자를 사랑하라. 부부가 아가서 4장에서처럼 성을 즐기도록 해 주는 것은 테크닉이나 로맨틱함이 아니라 바로 예수님이다. 오직 예수님만이 창세기 3장에서 철저히 망가진 관계를 회복시키실 수 있다.

예수님 안에 있지 않아도 성을 즐길 수 있을까? 물론이다. 하지만 온전히 즐길 수 없다. 상대방과 더 가까워질 수 없다. 그리고 더 중요한 사실은 온전한 만족을 주시는 유일한 분이신 하나님께 더 가까워질 수 없다는 점이다. 그분과 배우자에게 더 가까워지기 위한 방법 중 하나는 성에서 눈을 들어 예수 그리스도의 복음을 바라보는 것이다.

성은 좋은 것이지만 영원하지는 않다. 성은 영원히 존재할 수 없다. 결혼도 마찬가지다. 결혼과 성은 좋은 것이지만 예수님이 더 좋다. 사실, 그분은 이 세상의 그 무엇과도 비교할 수 없다.

갈등

서로를 사랑하는 법을 배우다

아내에게 프러포즈하기 전 구혼 단계일 때 우리는 특정한 문제들로 계속해서 갈등을 빚었다. 그로 인해 걱정이 이만저만이 아니었다. 솔직히 내가 잘못 다룬 일이 많고, 심지어 지금까지도 후회하는 (그래서 나 자신에게 복음을 선포해야 하는) 일들이 있기는 하지만 그 문제를 들고 내 멘토 중 한 명인 데이비드(David)를 찾아간 것은 너무도 잘한 일이었다.

나는 계속해서 다툼을 일으키는 문제들을 데이비드에게 털어놓고서 어떻게 해야 할지 모르겠다고 말했다. "아직까지도 싸우는 여자와 결혼을 해야 할까요? 지금쯤이면 서로를 이해할 때도 되지 않았나요? 아직 결혼하지도 않았는데 이렇게 싸우면 결혼해서는 얼마나 더 싸울까요?"

그때 데이비드가 해 준 말을 평생 잊지 못할 것 같다. "자네는 평생 누군가와 싸울 것이네. 그 누군가가 로렌이 되기를 원하는가?" 결혼한다고 해서 갈등이 사라지지는 않는다는 뜻이다. 그것을 전혀 몰랐던 것은 아니었지만 그래도 내 짝을 만나면 조금은 쉬워져야 한다고 생각했다. 데이비드는 바로 그런 생각을 바로잡아주었다. "매트, 자네가 남은 평생 싸움을 하고 싶은 상대가 로렌인가? 누구와 결혼하든 싸워야 하네. 그 상대가 로렌이 아니라면 다른 누군가가 되겠지."

다른 사람 같으면 이런 말을 듣고 절망감을 느낄지 모르지만 나는 오히려 답답했던 눈 앞이 훤해지는 느낌이었다. 이 세상 누구도 아직 완성에 이르지 못했다. 그리고 이 세상에서는 영원히 완성에 이를 수 없다. 우리 모두는 성화되어가는 중이며, 주님이 돌아오셔서 우리를 영광으로 이끄시기 전까지 그 성화 과정은 계속될 것이다. 그때까지 우리는 때로 승리를 거두기도 하고 더 나아지기도 하겠지만 육신은 여전히 남아 있을 것이다. 이 땅에서 우리는 완벽해 질 수 없다. 계속해서 망가진 존재로 살아가야만 한다.

우리가 죄인이라는 사실을 한시도 잊어서는 안 된다. 죄인이라는 것은 본질적으로 이기적이라는 뜻이고, 본질적으로 이기적이라는 것은 어떤 관계 속에서도 갈등을 빚게 된다는 뜻이다.

성령의 성화 과정은 점진적으로 이루어지기 때문에 안타깝게도 우리는 이 땅에서 목적지에 이를 수 없다. 하지만 은혜의 하나님이 우리 삶의 모든 상황과 관계를 사용하여 우리를 예수 그리스도의 형상으로 계속해서 연단시키고 변화시켜 주신다.

결혼에 관한 책 중에서 내가 가장 좋아하는 것은 게리 토머스의 책이다. 제목은 《신성한 결혼》(Sacred Marriage)으로, "하나님이 우리를 행복하게 만들기보다 거룩하게 만들기 위해 결혼을 창조하셨다면?"이란 부제가 붙어 있다. 나는 순전히 이 부제 때문에 이 책을 샀다. 이 부제를 보고 신선한 충격을 받았다.

물론 "이 책을 읽으면 거룩해지는 동시에 불행해지겠군"이라며 책을 내려놓은 사람들도 있을 것이다. 결혼에 관한 책은 독자들에게 절대적인 행복을 약속해야 훨씬 더 많이 팔린다. 하지만 나는 저자의 솔직함이 마음에 들어 그 책을 샀다. 그 책은 하나님께 영광을 돌리는 것이라는 결혼의 진짜 목적을 정확하게 지적하고, 하나님이 결혼을 통해 어떤 식으로 영광을 받으시는지 자세히 설명한다. 결혼의 중요한 부분 중 하나는 두 죄인이 한 집에서 서로를 사랑하는 법을 배워가며 함께 성화되는 것이다.

요지는 갈등이 결혼생활의 필연적인 일부라는 말이다. 아무리 건강하고 로맨틱하고 열정적인 부부관계라고 해도 갈등은 피할수 없다. 아니, 열정적으로 사랑하는 사람일수록 싸움도 격렬하게 하는 법이다.

나와 친한 친구들 중에 한 명은 극도로 열정적인 성격이다. 그런데 그가 결혼한 사람도 그에 못지않게 열정적인 사람이다. 두 사람이 처음 만나기 시작했을 때 이런 생각을 했던 기억이 난다. '저런, 과연 두 사람이 잘 살 수 있을까?' 결혼한 지 십 년이 넘어 여러 자식을 낳은 지금도 두 사람은 여전히 열정적으로 사랑하고, 열정적으로 싸우고 있다.

이상하게도 갈등이 결혼생활의 자연스러운 일부라는 사실을 알고 나니 오히려 위안이 되지 않는가? 그렇다고 해서 갈등이 좋은 것이라는 뜻은 아니다. 부부 사이가 갈등으로 가득한 것은 결코 좋은 모습이 아니다. 단지 예수님을 사랑하는 두 사람이 서로를 진정으로 사랑한다고 해도 인생이 늘 순항만 하는 것은 아니라는 말이다. 구원을 받고 서로를 지극히 사랑하는 부부도 하나님의 말씀에 완벽히 순종할 수는 없다. 이것이 하나님의 은혜가 그토록 놀라운 이유 중 하나다. 우리에 대한 하나님의 인내는 실로 대단하다. 이번 장에서는 아가서에서 하나님의 인내로 배우자를 참아 주는 데 도움이 되는 원칙들을 찾아보자.

먼저, 갈등의 원인부터 따져보는 것이 올바른 순서일 것이다.

깨진 기대

아가서의 20퍼센트는 갈등에 대해서 다루고 있다. 꽤 높은 비중이지 않은가? 앞서 말했듯이, 나는 결혼생활을 쉽게 생각하는 사람들은 약혼한 사람들뿐이라고 생각한다. 한창 사귈 때는 그저 좋기만 해서 미래를 제대로 보기 어렵다. 그럴 때 아가서 5장을 펴면 결혼의 현실을 적나라하게 볼 수 있다.

지금까지 우리는 두 사람의 즐거운 첫날밤을 들여다보았다. 하지만 오래지 않아 첫 갈등이 발생한다. "내가 잘지라도 마음은 깨었는데 나의 사랑하는 자의 소리가 들리는구나. 문을 두드려 이르기를 나의 누이, 나의 사랑, 나의 비둘기, 나의 완전한 자야, 문을 열어 다오. 내 머리에는 이슬이, 내 머리털에는 밤이슬이 가득하였다 하는구나"(2절).

솔로몬은 하루 종일 일을 했다. 그의 머리가 '밤이슬'로 젖었다는 대목에서 그것을 알 수 있다. 그는 밭에서 땀이 범벅이 되도록 일했다. 이제 일을 마친 그는 피곤했고 집으로 돌아가 쉬고 싶었다.

솔로몬은 아내가 이미 샤워를 마치고 침대에 누울 만큼 늦게 귀가한 것으로 보인다. "내가 옷을 벗었으니 어찌 다시 입겠으며 내가 발을 씻었으니 어찌 다시 더럽히랴마는"(3절).

정리하자면, 솔로몬은 밤늦게까지 일하고 집에 돌아왔다. 그리고 돌아오는 길에 집에서 어떤 시간을 보낼지 상상했다. 아내를 생각했다. 아내와 함께 하면 얼마나 좋을까? 아내가 자신을 반겨주고 열정적으로 입을 맞추고 정성스레 차린 밥상을 내어올 것이라고 생각했다. 그리고 아마도 아내와의 뜨거운 잠자리를 생각했을 것이다. 그런데 아내는 이미 샤워를 마치고 잠옷을 입고 침대에 누워 잠이 들어 있다. 공식적으로 '오늘밤은 노'라는 제스처를 취한 것이다.

어떤가? 여느 가정에서 흔히 볼 수 있는 광경이지 않은가? 세부적인 모습은 조금씩 달라도 지금도 수많은 가정에서 이런 광경이 펼쳐지고 있다. 이는 꼭 남편이 밤늦게 피곤한 몸을 이끌고 아내의 환대를 기대하며 퇴근했는데 그 기대가 깨진 상황만을 말하지 않는다. 배우자는 수만 가지 모습으로 우리의 기대를 깨뜨린다.

사실, 거의 모든 갈등은 깨진 기대에서 비롯한다. 깨진 기대에 대한 솔로몬의 반응을 자세히 살펴보면 두 가지 행동이 나타난다. 내가 볼 때 하나는 깨진 기대에 대한 올바른 반응이고, 다른 하나는 꼭 올바른 반응은 아니지만 때에 따라 필요한 반응이다. 솔로몬은 나름의 기대를 품고 집에 도착했다. 하지만 아내는 그 기대를 깨뜨린다. 아내의 말에 따르면 그의 첫 반응은 다음과 같았다.

> 내 사랑하는 자가 문틈으로 손을 들이밀매 내 마음이 움직여서 일어나 내 사랑하는 자를 위하여 문을 열 때 몰약이 내 손에서 몰약의 즙이 내 손가락에서 문빗장에 떨어지는구나 내가 내 사

랑하는 자를 위하여 문을 열었으나 그는 벌써 물러갔네 그가 말
할 때에 내 혼이 나갔구나 내가 그를 찾아도 못 만났고 불러도
응답이 없었노라(4-6절).

아내가 부부관계를 거부하지만 솔로몬은 화를 내지 않았다.
대응하지 않았다. 폭발하지 않았다. 당시 문화에서 손을 내밀어 빗
장을 만진 것은 사랑의 표현이었다. "당신이 나를 거부해도 여전히
당신을 사랑하오." 기대가 깨져서 기분이 좋지는 않았지만 솔로몬
은 상관없이 사랑을 표현했다.

살다보면 마음에 없는 말을 할 때가 있다. 물론 솔로몬은 진
심으로 사랑을 표현한 것이다. 아내가 들으라고 빗장을 만진 것은
위선이 아니었다. 하지만 그의 안에는 분명 서운함이 있었다. 이어
서 그는 어떤 행동을 했는가?

떠나갔다. 그는 샤워를 하고서 아내 옆에 눕지 않고 산책을
하러 갔다. 필시 걸으면서 서운한 마음을 풀려는 것이었으리라(다음
몇 구절을 보면 그가 서운한 마음을 어떻게 다루었는지 확인할 수 있다. 잠시 후에
간단히 살펴보도록 하자).

아내는 남편이 떠난 것을 알고 재빨리 나가 남편을 찾는다.
어떤가? 익숙한 광경이지 않는가? 많은 가정에서 이와 똑같지는 않
지만 비슷한 상황이 펼쳐진다. 다투고 나서 남편이 침대를 박차고
나간다. 이불을 들고 소파에 가서 혼자 잠을 잔다. 혹은 머리를 식

힐 겸 드라이브를 하러 간다. 그러면 아내가 자리에서 일어나 남편을 찾아 나선다. 반대로 아내가 남편을 찾아 나설 수도 있다.

왠지 애정이 느껴지는 장면이다. 그렇다. 갈등의 한복판에도 애정이 흐를 수 있다. 그리고 이 순간에 우리가 꼭 기억해야 할 것은 어떻게 싸우는 것이 옳은지 하는 것이다. 하나님은 우리가 어떻게 싸우기를 원하실까? 하나님은 우리가 싸울 줄 이미 알고 계셨다. 우리는 죄인이기 때문이다. 하지만 우리는 공정하게 싸울 수 있고, 솔로몬 부부에게서 그것을 배울 수 있다. 기대가 깨지더라도 우리는 하나님의 은혜로 마음을 가다듬고 갈등을 건강하게 다룰 수 있다. 건강한 싸움법 중 하나를 소개한다.

대응하지 말고 반응하라

중요한 원칙 가운데 하나는 기분을 상하게 한 요인들에 '대응하지' 않도록 조심하라는 것이다. 대응은 절제력과 성숙함이 부족하다는 증거다. 보다시피 솔로몬은 화를 폭발시키지 않았다. 그는 아내에게 자신을 무시하는 것이냐고 따지지 않았다. 오히려 "상관없이 당신을 사랑하오"라고 행동으로 말했다. 마음속에는 서운함이 가득 차 있었을지 몰라도 순간의 기분에 따라 대응하지 않았다. 그리고 나서 다른 방법으로 자신의 기분을 풀었다.

이것이 꼭 옳은 행동이라는 말은 아니다. 이 문제는 잠시 후에 논하기로 하고, 솔로몬의 사례에서 귀중한 교훈 하나를 배우자. 갈등이 발생했을 때는 대응하지 않도록 극도로 조심해야 한다. 자칫 순식간에 큰 싸움으로 번질 수 있기 때문이다. 그런 순간에 우리는 자신의 감정과 충동의 노예로 전락한다. 다른 사람과도 마찬가지지만 한 몸을 이루어야 할 사람과 감정적으로 말하고 행동해서는 더욱 안 된다.

기대가 깨지면 교만이 생기기 쉽다. 우리가 어떤 대접을 받아야 마땅한지를 계속해서 곱씹게 된다. 교만의 문제점은 심지어 없는 것까지 보게 만든다는 것이다. 이렇게 교만은 거짓을 동원해서라도 자신의 요구를 정당화 하려고 한다. 하나님이 "마음의 생각이 교만한 자들을 흩으셨고"라는 마리아의 말은 바로 이런 자기기만을 두고 한 말이다(눅 1:51).

교만은 현실을 왜곡시킨다. 기대가 깨져 실망하게 되면 우리 안에서 교만이 마치 변호사처럼 아내의 잘못을 지적하고 우리의 억울함을 호소한다.

하지만 사려 깊은 사람은 오히려 상대방을 변호해 주려고 노력한다. 예컨대 솔로몬의 경우에는 아내가 하루 종일 집안일을 해서 피곤을 견디지 못해 자신이 오기도 전에 곯아떨어졌다고 판단할 수 있다.

실제로 아내는 솔로몬을 모욕하지 않았다. 단지 너무 피곤했을 뿐이다. 교만이 발동하면 남편은 다음과 같이 혼자만의 생각을 할 수 있다.

'내가 얼마나 힘들게 일하다 왔는지 모른단 말인가?'

'잠시 즐기자는 게 그렇게 힘든 요구인가?'

'내가 매력이 없는 건가?'

화가 날수록 대응은 거칠어진다. 갈등이 이런 단계에 접어들었다는 확실한 증거 중 하나는 자신의 장점과 배우자의 흠을 모조리 나열하기 시작하는 것이다(이처럼 배우자의 흠을 모조리 나열하는 것은 최악의 참소자인 사탄에게 동조하는 것이다). 교만이 마음속에 들어오면 거의 자동적으로 대응 모드로 넘어간다. 하지만 우리는 대응하지 않고 반응하는 법을 배워야 한다. 대응과 반응은 엄연히 다르다.

솔로몬은 사랑의 몸짓으로 반응한 뒤에 타임아웃을 선언했다. 그리고 아내는 그가 그냥 가버렸다고 화를 낸 것이 아니라 그를 찾아 나섰다. 이렇듯 두 사람은 갈등을 피하지는 못했지만 갈등을 완벽하게는 아니되 꽤 잘 다루었다. 이제 상황이 어떻게 흘러가는지 보자.

> 성 안을 순찰하는 자들이 나를 만나매 나를 쳐서 상하게 하였고
> 성벽을 파수하는 자들이 나의 겉옷을 벗겨 가졌도다(5:7).

순찰하는 자들이 실제로 왕비를 때린 것은 아니다. 어느 시대나 왕비를 때렸다가는 목숨을 부지하기 어렵다. 여기서 왕비는 시

적인 표현을 사용한 것이다.

이는 남편을 찾아 사방을 돌아다녔지만 찾을 수 없고 사람들에게 물어도 보지 못했다는 대답만 돌아와 마음이 크게 상했다는 뜻이다. 얻어맞은 것처럼 마음이 얼얼했다. 걱정이 되어서 견딜 수가 없었다. 피로와 걱정으로 지칠 대로 지쳤다.

그녀는 만나는 사람마다 붙잡고 애원했다. "예루살렘 딸들아, 너희에게 내가 부탁한다. 너희가 내 사랑하는 자를 만나거든 내가 사랑하므로 병이 났다고 하려무나"(8절).

이 순간은 이 부부의 갈등에서 매우 중요한 단계였다. 큰 변화가 생겼다. 무관심이 더 건강한 반응으로 바뀌었다. 왕비의 마음속에서 뭔가 심오한 일이 일어났다. 냉담하던 마음이 이제 사랑때문에 아파하고 있다. 왕비는 언제 피곤했냐는 듯이 왕을 찾아 온 성을 뛰어다니고 있다.

서로에게 대응하지 않고 반응하는 법을 배우면 갈등에서 해결과 화해로 가는 길이 훨씬 더 빨라진다. 대응은 갈등의 불만 더 키울 뿐이다. 하지만 반응, 특히 경건한 반응은 갈등의 불을 꺼뜨린다.

하나님께로 가라

솔로몬은 행동으로 사랑을 표현한 뒤에 떠나갔다. 어디로 갔을까? 주방으로 갔을까? 성의 서관(西館)에서 텔레비전을 보고 있을까? 알 수 없다. 한 가지 확실한 사실은 그가 아내의 마음을 바꾸지 않았다는 것이다. 아내의 마음은 하나님이 바꾸셨다.

이 사실이 왜 중요한지 아는가? 자신의 말이나 행동으로 배우자의 마음이나 행동을 바꾸려는 남자가 너무도 많고, 그런 여자는 더욱 많기 때문이다. 그 결과는 참담할 뿐이다. 갈등이 생기면 우리는 잽을 날려 서로에게 상처를 준다. 혹은 배우자에게서 원하는 것을 얻어내기 위해 계산된 행동을 한다.

적지 않은 결혼 서적이 후자의 방법을 추천한다. 하지만 그런 책에서 추천하는 방법들은 감정적 정신적으로 배우자가 모두 건강할 때만 통한다. 그렇지 않을 때는 아무런 소용이 없다.

나는 이런 책을 읽고 배우자가 미안함을 느끼게 만들려다가 실패하고서 더 큰 좌절감에 빠지는 남녀를 많이 보았다. 예컨대, 이런 책을 읽은 남편들은 '좋아, 내가 설거지와 집안 청소를 하면 미안해서라도 행동이 달라지겠지'라고 생각한다. 심지어 나는 부부세미나에서 이렇게 말하는 강사도 봤다. "우리 와이프는 어떤 모습을 섹시하게 보는지 아세요? 바로 청소하는 모습이랍니다. 내가 청소를 하면 아내는 마치 하이에나처럼 내게 애정공세를 퍼붓지요." 남편들은 이 말을 듣고 집에 가서 청소를 한다. 하지만 아내는 아무런 반응도 보이지 않고, 남편들은 더 큰 좌절감에 빠진다. 이런 방법은 통하지 않는다.

마찬가지로, 여자들도 남편에게 뭔가를 해 주면 원하는 것을 언어낼 수 있다는 조언을 듣고 그대로 해 보지만 결과는 신통치가 않다. 부부가 하나가 되는 법을 알려 주기보다 남편의 행동을 바꾸기 위한 전략을 소개하는 책들이 시중에 널려 있다. 그런 전략으로 남편을 바꾸는 것에 실패하면 더 큰 좌절감만 밀려온다.

이런 방법의 문제점은 마음을 다루지 않는다는 것이다. 성경은 외적인 표면 아래를 다루지만 이런 방법은 껍데기만 다룬다. 이런 방법은 자신에게도 문제가 있다는 점은 고려하지 않고 자기 기준에 따라 배우자만을 바꾸려는 시도일 뿐이다.

성경은 그리스도께서 교회를 사랑하신 것처럼 남편들이 아내를 사랑해야 한다고 말한다. 이는 배우자가 우리의 뜻대로 변하든 변하지 않든 상관없이 사랑해야 한다는 뜻이다. 남편이 변하기를 바라는 아내들도 이와 같은 은혜 중심의 태도를 품어야 한다.

물론 이런 마음을 품는 것은 인생에서 가장 어려운 일 가운데 하나다. 우리 모두는 뭔가를 받기 위해서만 사랑하는 경향이 있기 때문이다(상대방이 반응을 보이지 않으면 그만 사랑하는 것은 진짜 사랑이 아니다). 예수님은 이타적인 사랑, 십자가의 사랑으로 우리를 부르신다. 예수님은 순수한 사랑을 원하신다. 왜냐하면 그것이 옳고 그분에게 영광이 되기 때문이다. 예수님은 반응 없는 자들을 사랑하기 위해 자신을 비우셨다. 이것이 진짜 사랑이다.

남자들이여, 당신이 아무리 로맨틱하고 달콤하게 굴어도 한계가 있다는 것을 아는가? 아무리 집안일을 열심히 도와주고, 아무리 많은 돈을 벌어와도, 마음의 변화는 이루어지지 않는다. 궁극적으로 오직 성령만이 아내의 마음을 바꿔주실 수 있다. 따라서 아내를 사랑하고 격려하는 한편, 아내의 마음을 바꾸는 일은 그리스도께 맡겨야 한다. 오직 주님만이 아내의 마음을 움직이실 수 있다. 그분은 우리가 할 수 없는 일을 하실 수 있다.

여자들도 마찬가지다. 잠자리에서 남편이 원하는 대로 해 주는 것은 좋다. 남편을 위해 구첩반상을 차려 주는 것도 좋다. 집안을 늘 깨끗하게 유지하는 것은 좋다. 때마다 남편에게 혼자만의 시간을 주는 것도 좋다. 하나님은 이 모든 일을 사용하실 수 있다. 하지만 아무리 노력해도 우리가 남편의 마음을 바꿀 수는 없다. 그것은 오직 하나님만이 하실 수 있는 일이다.

하나님의 역사. 솔로몬과 아내에게 그런 역사가 일어났다. 방금 전만 해도 고요하던 아내의 마음이 갑자기 변화되어 남편을 향한 사랑이 불같이 일어났다. 아내는 피곤했기 때문에 만사가 귀찮았다. 그런데 이제 사랑으로 마음 아파하고 있다. 하나님이 그렇게 만들어 주신 것이다. 분위기가 어떻게 달라졌는지 보라. "내 사랑하는 자는 희고도 붉어 많은 사람 가운데에 뛰어나구나"(10절).

20분 전까지만 해도 "만지지 마요. 그럴 기분이 아니에요"라고 말했던 여자가 지금은 더없이 뜨거워져 있다.

머리는 순금 같고 머리털은 고불고불하고 까마귀 같이 검구나.

눈은 시냇가의 비둘기 같은데 우유로 씻은 듯하고 아름답게도 박혔구나 뺨은 향기로운 꽃밭 같고 향기로운 풀언덕과도 같고 입술은 백합화 같고 몰약의 즙이 뚝뚝 떨어지는구나. 손은 황옥을 물린 황금 노리개 같고 몸은 아로새긴 상아에 청옥을 입힌 듯하구나 다리는 순금 받침에 세운 화반석 기둥 같고 생김새는 레바논 같으며 백향목처럼 보기 좋고 입은 심히 달콤하니 그 전체가 사랑스럽구나 예루살렘 딸들아 이는 내 사랑하는 자요 나의 친구로다(11-16절).

뭔가가 분명히 바뀌었다. 누워서 꼼짝도 못하던 아내가 갑자기 남편의 몸을 원하고 있다. 그녀의 마음속에서 뭔가 변했다. 솔로몬은 아내의 곁에 있지 않았으니 그 변화는 그가 일으킨 것이 아니었다. 그것은 하나님의 역사였다. 하나님이 그녀의 마음 구석구석을 어루만지셨다. 하나님이 남편을 향한 사랑에 다시 불을 지펴 주셨다. 그렇게 하나님은 화해를 위한 발판을 마련해 주셨다.

6장의 시작 부분을 보라. "여자들 가운데에서 어여쁜 자야, 네 사랑하는 자가 어디로 갔는가? 네 사랑하는 자가 어디로 돌아갔는가? 우리가 너와 함께 찾으리라"(6:1). 결국 왕비는 왕이 있는 곳을 알아냈다. "내 사랑하는 자가 자기 동산으로 내려가 향기로운 꽃밭에 이르러서 동산 가운데에서 양 떼를 먹이며 백합화를 꺾는구나. 나는 내 사랑하는 자에게 속하였고 내 사랑하는 자는 내게 속하였으며 그가 백합화 가운데에서 그 양 떼를 먹이는도다"(2-3절).

솔로몬은 동산으로 갔다. 필시 그곳에서 서운함을 달래고 있었으리라. 그는 서운해 할 일이 아니라는 것을 알았을 것이다. 그래서 홀로 앉아서 기도하며 마음을 다스리고 있었을 것이다.

이것이 남자들의 전형적인 특성이다. 아내들은 남편이 문제를 다룰 생각도 하지 않고 가버렸다고 생각하지만 남자들은 문제를 여자들과 다르게 다룬다는 사실을 알아야 한다. 대개 여자들은 말로 상황을 다루고, 생각과 감정을 즉시 표출한다. 하지만 남자들에게는 생각을 정리할 시간이 필요하다.

여자들이여, 남편이 아무런 말도 하지 않는다고 해서 당신이나 문제에 관해 생각도 하지 않고 해결을 위해 노력도 하지 않는 것은 아니다. 남자들은 대개 속으로 고민한다. 필시 솔로몬도 그랬을 것이다. 그는 어리석게 대응하고 싶지 않았다. 그래서 사랑한다는 표현만 하고서 혼자만의 장소로 가서 생각을 정리하고 마음을 다스렸다.

단순히 문제를 회피하려고 자리를 피하는 것은 옳지 않다. 무시한다고 해서 문제가 없어지지는 않는다. 갈등은 여전히 남아 있다. 하지만 때로는 숨을 돌리고 조용한 곳에서 찬찬히 생각을 정리하거나 마음을 가라앉힐 필요성이 있다. 특히 하나님 앞에 홀로 찾아가 자신의 문제점을 돌아보고 배우자에게 은혜를 베풀게 해달라고 기도하는 시간은 너무도 중요하다. 물론 꼭 배우자가 잘해서 은혜를 베푸는 것이 아니다. 그것이 필요하고 하나님이 그것을 요구하시기 때문에 그렇게 해야 하는 것이다.

말을 잘하라

솔로몬의 아내는 동산에서 남편을 찾아냈다. 두 사람은 상대방에 대한 감정을 가라앉히고 하나님의 역사로 마음의 변화를 경험함으로써 갈등을 건전하게 해결할 준비를 마쳤다. 아직 싸워야 할 부분이 남아 있지만 공정하게 싸울 준비가 되었다.

우리 부부는 처음 몇 년간 지독한 갈등의 늪에서 허덕였다. 하나님은 여러 가지 방법을 통해 우리를 이 갈등의 늪에서 꺼내 건강과 치유의 길로 인도하셨다. 그 방법 중 하나는 아가서의 이 장에 관한 토미 넬슨(Tommy Nelson)의 가르침을 사용하신 것이었다. 넬슨이 책과 설교에서 소개한 갈등 해소법에서 몇 가지 '금기'를 배웠다. 이런 금기를 지키기만 하면 100퍼센트 효과를 볼 수 있다. 이것은 갈등 중에 배우자와 말을 할 때 은혜를 보여 주는 방법들이다. 이 금기들의 목적은 배우자에게서 뭔가를 얻어내는 것이 아니라 배우자의 반응과 상관없이 올바른 방식으로 말하는 것이다.

특히 갈등 중에 절대 하지 말아야 할 커뮤니케이션의 열 가지 '금기'를 소개한다.[1]

첫째, 배우자에게 성급하게 반응하지 마라.

사려 깊고 성숙하게 대응하기 위해서는 성급하게 굴지 말아야 한다. 특히 비난에 곧바로 반응해서는 안 된다. 잠시 시간이 지나고 나면 마음이 가라앉아 대응하지 않고 반응할 수 있다. 벌컥 화를 내는 것은 자제력이 부족한 것이다. 기분이 상해도 잠시 깊은 숨을 들이마시기만 해도 독한 말로 받아치지 않는 데 큰 도움이 된다. 반응하기 전에 숫자를 열까지 세는 식으로 마음을 가라앉혀 가혹한 말을 내뱉지 않도록 하라. 잠언 29장 11절은 이렇게 말한다. "어리석은 자는 자기의 노를 다 드러내어도 지혜로운 자는 그것을 억제하느니라." 속도를 늦춰 깊은 숨을 들이마시고 무슨 말을 해야 할지 찬찬히 생각하라. 절대 성급하게 입을 열지 마라.

둘째, 배우자에게 손찌검을 하지 마라.

육체적인 폭력은 그 어떤 경우에도 정당화될 수 없다. 심지어 손바닥으로 살짝 때리는 것조차 절대 안 된다. 스스로도 폭력성을 통제하지 못하겠다면 지체 없이 전문 상담사를 찾아가라.

셋째, 사석에서는 물론이고 남들 앞에서는 더욱 배우자에게 창피를 주지 마라.

이 죄는 흔하지만 보통 큰 죄가 아니다. 이런 자리에 있어봤는가? 분위기가 참기 힘들 만큼 어색하지 않던가? 절대 남들 앞에

시 배우자에게 창피를 주지 마라. 배우자가 밉다고 해서 남들 앞에서 면박을 주면 당장은 속이 시원할지 몰라도 그의 영혼에 깊은 상처를 주게 된다. 굴욕감과 수치심은 쉬이 사라지지 않는다.

또한 남들 앞에서 배우자에게 창피를 주면 한 명의 아군도 얻기 힘들다. 대부분의 사람들은 굴욕을 당한 사람을 동정하게 되어 있기 때문이다. 따라서 분위기를 망치고 배우자에게 씻지 못할 상처를 주고 친구들을 잃고 싶다면 지금 당장 남들 앞에서 배우자에게 창피를 주라. 하지만 옳은 일을 하고 싶다면 혀를 절제하라. 남들 앞에서 배우자를 깎아내리려는 마음은 지옥에서 오는 것이다.

넷째, 절대 아이들 앞에서 싸우지 마라(혹은 배우자를 공격하기 위해 자녀를 이용하지 마라).

나는 문제가 많은 집안에서 자랐다. 그래서 모난 구석이 누구보다도 많았다. 하지만 하나님의 은혜 덕분에 우리 부부는 17년간 서로에게 단 한 번도 고함을 지르지 않았다. 물론 우리 부부도 후회할 일을 많이 하긴 했지만 적어도 서로에게 소리를 지르지는 않았다.

다른 가족들과 함께 있을 때는 더욱 조심해야 한다. 우리 부부는 차 안에서 긴장 상태에 돌입할 때가 많다. 주로 내가 길을 잃었을 때 그렇다. 아내는 놀랄 만큼 방향감각이 뛰어나다. 가히 인간

내비게이션이라고 할 만하다. 하지만 나는? 나는 흔히 말하는 길치다. 그런데 사람들이 길을 알려 줄 때면 짜증날 때가 많다. "동쪽으로 가세요." 동쪽으로 가라고? 내게 나침반이라도 있는 줄 아나보지? 그냥 왼쪽으로 가라고 하면 얼마나 쉽고 좋을까!

내게 길을 잃는 것은 가장 짜증나는 일 중 하나다. 때로 내가 길을 잃어버리면 아내는 깔깔거리며 내 형편없는 방향감각을 비웃는다. 그럴 때마다 짜증이 나고 나도 모르게 비꼬는 투로 말하게 된다. 그러면 아이들의 표정이 일그러진다. 녀석들은 내가 엄마에게 그런 식으로 말하지 말아야 한다는 것을 알고 있다. 그래서 조심해야 한다. 우리 아이들은 갈등을 어떻게 다루는 것이 성숙하고 건강한 것인지를 나와 아내의 모습에서 배운다. 만약 우리가 서로에게 화를 내고 소리를 지르면 아이들은 나중에 그대로 따라할 것이다.

자녀는 부모를 보고 싸우는 법을 배운다. 딸 아이는 우리 행동을 보고 나중에 남편을 어떻게 대할지를 배우고, 아들은 나중에 아내를 어떻게 대할지를 배운다. 아이들은 모든 것을 빨아들이는 스펀지와도 같다. 그들은 부모의 행동을 통해 '정상적인 가정생활'에 대한 나름의 기준을 정립한다.

따라서 자녀들 앞에서 갈등을 올바로 다루려고 애를 써야 한다. 그리고 어떤 식으로든 말다툼에서 이기기 위해 자녀를 이용하지 마라.

나섯째, 배우자의 부모나 가족을 들먹이지 마라.

이렇게 하면 싸움이 걷잡을 수 없이 커진다. 앞서 말했듯이 우리는 어릴 적에 정립한 정상에 대한 기준을 자신의 결혼생활에 적용한다. 그리고 그 기준으로 배우자를 판단한다.

예컨대 자녀가 다 쓴 수건을 바닥에 던져 놓으면 엄마가 알아서 수거해 빨래를 해서 가지런히 정리하는 집이 있다. 바로 우리 집이 그랬다. 결혼한 뒤에도 나는 수건을 바닥에 던져 놓았다. 그것이 정상이라고 생각했다. 하지만 아내에게는 그것이 비정상이었다. 나와 아내는 삶의 방식이 서로 다른 집안에서 자랐다. 그런데 나는 아내가 내 기준에 맞추기만을 원했다. 내가 수건을 마구 던지는 것이 단순한 수건의 문제가 아니라 존중의 문제라는 아내의 생각도 헤아려야 한다는 생각은 전혀 하지 못했다.

부부가 이런 생각 차이를 잘 다루지 못하면 부부 갈등은 집안 싸움으로 번질 수 있다. "너희 집안은 예의도 모르는 구석기인들이야!" "너희 집안은 아주 피곤한 사람들이야." 이렇게 서로의 가족을 모욕하면 서로에게 씻을 수 없는 상처를 남긴다.

아내에게 장모와 똑같다고 말하는 남편, 남편을 비난할 때 그를 제대로 키우지 못한 부모까지 싸잡아 비난하는 아내, 자신을 욕하는 것보다 부모 욕을 하면 더 참을 수 없는 법이다. 그러니 이렇게 하지 마라. 엄한 사람을 끌어들이지 말고 눈앞의 문제만을 다루라.

여섯째, 지나간 일을 또 다시 끄집어내지 말고 현재의 문제만을 다루라.

배우자의 가족을 들먹이는 것과 마찬가지로, 지나간 일을 또 다시 끄집어내는 것도 문제다. 고린도전서 13장 5절에 따르면 사랑은 잘못을 기록하지 않는다. 하지만 배우자를 사랑한다면서 배우자의 잘못을 빠짐없이 머릿속에 기록해 두는 사람이 얼마나 많은가? 그리고는 싸울 때마다 과거의 모든 잘못을 줄줄이 나열한다. 그렇게 한 가지 문제로 벌어진 말다툼이 '모든 문제'에 대한 말다툼으로 발전한다.

우리 부부는 결혼하고 나서 2년간 사사건건 부딪혔다. 나는 아내가 삶의 몇 가지 영역에서 위선자라고 생각했고, 아내도 내가 삶의 몇 가지 영역에서 위선자라고 생각했다. 사실 세상에 위선자가 아닌 사람이 어디 있는가? 하지만 우리는 서로 자신만 거룩하고 상대방은 문제투성이라고 착각했다. 아내가 지적한 나의 문제점 중 하나는 그녀의 말에 귀를 기울이지 않는다는 것이었다.

"하나님이 내 마음속에 주신 음성을 이야기하면 당신은 귀담아듣지 않아요." 아내가 이렇게 말하면 나는 잘못을 인정하면서도 결국은 아내를 탓했다. "나도 알아요. 하지만 그것은 다 당신 때문이에요. 자꾸만 당신이 위선자처럼 구니까 듣기가 싫은 거예요." 신혼 초에 우리는 이런 식으로 자주 다투었다.

몇 년 뒤 함께 뒷마당에 앉아 커피를 마시던 중 아내가《상한 마음》(*The Wounded Heart*)이라는 책에 관한 이야기를 했던 날이 기억난다. 아내는 그 책이 어떤 식으로 위로가 되었는지를 설명했다. 하지만 나는 지독히 아름다운 가을 아침에 지저귀는 새들과 눈부신 햇살, 커피 향에 취해 아내의 말을 한 귀로 듣고 한 귀로 흘려보내고 있었다. 아내는 그것을 금세 알아챘다.

나중에 아내는 머리를 하러 갔고, 돌아올 때도 얼굴에 화가 난 기색이 역력했다. 둘 사이에 긴장이 계속되었다. 이런 생각을 했던 기억이 난다. '내가 뭘 어쨌기에? 오늘은 수건도 빨래 통에 집어넣었건만. 흠이 잡힐 만한 일을 하나도 하지 않았는데 도대체 왜 화가 난 거야?' 도무지 알 수가 없었다. 분위기가 점점 더 싸늘했다. 마침내 아내가 말했다. "아직도 내가 위선자라고 생각해요? 그래서 내 말을 듣지 않는 거예요?"

"도대체 무슨 말이에요?"

"나는 주님이 이 책을 통해 어떤 음성을 주셨는지 열심히 설명했지만 당신은 들은 체도 하지 않았어요. 아직도 내가 위선자라고 생각해서 듣지 않는 거예요?"

그제야 무슨 말인지 알 것 같았다. "여보, 왜 6년 전 얘기를 꺼내고 그래요?"

아내는 내가 오래 전에 했던 말을 아직도 마음속에 담아두고 있었고, 비슷한 상황이 발생하자 그 일을 다시 끄집어냈다. 물론 나는 전혀 아내를 위선자로 생각하고 있지 않았다. 하지만 그날 아침

나는 다시 아내의 말에 귀를 기울이지 않았고, 그래서 아내는 묵은 일을 다시 끄집어냈다.

지난 일을 끄집어내면 갈등이 쓸데없이 더 악화된다. 배우자를 용서했다고 말해도 갈등이 일어날 때마다 지난 일을 기록한 장부를 꺼낸다면 용서한 것이 아니다. 우리가 지난 일을 끄집어내는 것은 대개 말다툼에서 이기기 위함이다. 많은 잘못을 나열할수록 말싸움에서 이길 가능성이 높아지기 때문이다. 하지만 이기려고 해서는 화해로 갈 수 없다. 이것이 다음 원칙이다.

일곱째, 이기려고 하지 마라.

혼전 상담에서 상담자는 내게 이런 말을 했다. "이기고 싶나요? 아니면 행복해지고 싶나요?" 그런데 결혼하고 나서 두 달이 지나 그의 말에서 치명적인 허점을 발견했다. 만약 이겨야 행복해진다면?

배우자의 감정이야 어찌 되든 이겨야 행복을 느끼는 사람이 얼마나 많은지 모른다. 그들은 굴욕을 주든 꾸짖든 어떻게 해서라도 배우자가 자기 앞에서 참회의 눈물을 흘리는 꼴을 보려고 한다. 어떻게든 배우자를 이기려고 하는 사람은 언제나 반응이 아니라 대응을 한다.

부부간에 갈등이 발생하면 우리는 어떻게든 이기려고 한다. 물론 자신의 감정과 생각을 표현할 때는 표현해야 한다. 심지어 때에 따라 비판과 지적이 필요할 수도 있다. 하지만 부부간 갈등의 최종 목표는 어디까지나 이기는 것이 아니라 배우자의 영혼을 돌보는 것이 되어야 한다. 이기려는 것은 사랑이 아니다.

여덟째, 소리를 지르거나 말로 배우자를 깎아내리지 마라.

이 죄는 앞서 말한 성급함의 죄와 관련이 있다. 성경은 혀의 파괴적인 힘을 계속해서 경고한다. 예를 들어 성경은 말한다. "이와 같이 혀도 작은 지체로되 큰 것을 자랑하도다. 보라. 얼마나 작은 불이 얼마나 많은 나무를 태우는가"(약 3:5).

대개 남자보다는 여자가 언어적이다. 여자들은 매우 관계적이기 때문에 여자들에게는 말이 말할 수 없이 큰 영향을 끼친다. 여자들은 말 한마디에도 큰 상처를 입곤 한다. 가혹한 말이 큰 목소리나 모욕적인 어투와 결합되면 아내에게 평생 가는 상처를 줄 수도 있다. 다시 말하지만, 상처가 평생 갈 수도 있다!

남자들도 마찬가지다. 나는 어릴 적에 가혹한 말을 한 번도 들은 적이 없는 남자를 별로 만나지 못했다. 마음속에 깊이 박힌 가혹한 말은 틈만 나면 다시 생각나 남자들을 괴롭히고 있다.

말은 강력하다. 거기다가 독한 어조나 큰 목소리, 빈정거리는 자세까지 더해지면 말의 파괴적인 힘은 실로 엄청나다. "막대기와 돌은 내 뼈를 부러뜨릴 수 있지만 말은 나를 다치게 할 수 없다"라는 옛말은 허튼소리다. 고함과 모욕의 피해는 갈등의 불길이 가라앉은 뒤에도 오랫동안 계속된다. 로어 퍼거슨(Lore Ferguson)의 말을 들어보자.

> 나는 고함이 난무하는 집안에서 자랐다. 고함 전후로도 가혹한 언행이 있었고, 그리고 나서는 주로 변명이 이어졌다. 나는 고함에도 수준과 어조가 있다는 것을 일찍부터 배웠다. 우리 집안에 대화는 별로 없고 화는 많았다. 우리 집안에서는 일단 고함을 지르고 나서 나중에 변명을 하는 것이 당연시되었다. 무엇보다도, '나를 향한' 고함은 일반적인 데시벨의 고함이 아니었다.
>
> 사람마다 어느 정도가 고함이고, 그리고 언제 고함을 치는 것이 적절한지에 대한 기준이 다 다르다. 지금도 나는 주변 목소리들이 어떤 어조로 어떤 말을 하는지, 자신의 분노에 대해 어떤 변명을 하는지에 민감하게 반응한다. 나는 웬만한 일에는 기분 나빠하지 않지만 누군가가 내게 고함을 지르면 가장 가까운 벽장을 찾는다. 고함에 대해서는 내 영혼 깊은 곳에 여전히 두려움이 도사리고 있다. (중략) 고함이 난무하는 집에서 오래 살수록 고함을 지르거나 목소리를 높이는 것은 옳지 않다는 확신이 더 강해졌다. 부모가 아이에게 소리를 지르는 것은 어떤 경우에도 용납되지 않는다. 자녀가 부모에게 소리를 지르는 것도 마찬가지다. 절대 용납되지 않는다. 친구끼리도 서로에게 고함

을 치는 일은 없어야 한다.[2]

배우자에게 화가 나서 소리를 지르는 것은 절대 안 된다. 물론 화를 잘 참지 못하는 사람들이 있다. 분노를 건강하게 다루는 환경에서 자라지 못한 사람들이 특히 그렇다. 그들에게 고함은 정상적인 행동이다. 혹은 성격의 일부일 뿐이다. 감정적인 사람은 목소리를 잘 높인다. 하지만 고함은 어떤 경우에도 옳지 않다. 성격대로 하는 것이 아니라 하나님이 명령하신 대로 하는 것이 옳은 것이다. '육체적인' 옛 사람을 벗고 성령을 입는 것이 옳은 것이다.

아홉째는 상대방을 통제하기 위해 육체적인 친밀함을 보류하거나 성을 이용하지 마라.

이것은 많은 아내들의 문제다. 남편이 아내에게 뭔가를 얻기 위해 부부관계를 보류했다는 얘기는 들어보지 못했다. 물론 그런 경우도 있기는 하겠지만 내가 직접 들은 적은 없다.

대부분은 아내가 이런 당근과 채찍 전술을 사용한다. 성을 '선물'로 여기는 것은 좋지만 갈등 중에 배우자에게서 항복을 얻어내기 위해 그 선물을 보류하는 것은 옳지 않다. 그런 식으로 갈등을 해결하는 것은 죄다.

열 번째로 갈등 해결을 미루지 마라.

이는 에베소서 4장 26절에 나타난 명령인데 약간의 설명이 필요하다. 나는 모든 갈등이 쉽게 풀린다고 생각할 만큼 순진하지 않다. 살다보면 갈등을 완전히 풀지 못한 채 잠자리에 들 수밖에 없는 날도 많다. 하지만 노력만큼은 해야 한다.

땅거미가 지는데도 아직 갈등이 해결되지 않았는가? 아무리 봐도 해결하기가 어려워 보이는가? 하지만 최소한 책임의 일부라도 지기 위한 노력을 해야 한다. 갈등이 생긴 것은 필시 당신이 옳다고 생각하기 때문일 것이다. 서로가 모두 옳다고 생각할 때 갈등이 생긴다. 그렇다면 이제 당신이 어떤 잘못을 인정해야 할까? 여전히 배우자가 대부분의 잘못을 했다고 생각할지라도 잘 생각해보면 당신의 잘못도 전혀 없지는 않을 것이다.

잠자리에 들기 전에 어느 정도라도 화해하기 위해 노력하라. 화해의 손을 내밀라. 화해하려는 시도도 없이 그냥 잠자리에 드는 것은 우리의 가정을 사탄의 놀이터로 내어주는 것이다. 그렇게 되면 하룻밤 사이에 원망이 훨씬 더 깊이 뿌리를 내린다.

당신의 배우자가 99퍼센트 잘못을 했다고 치자(분명 당신은 실제로 그렇다고 생각할 것이다). 배우자가 잘못을 하고도 사과하지 않았다고 하자. 하지만 그렇다 해도 고함을 지른 당신도 엄연히 잘못이다. 아내를 장모와 비교하고 십 년 전의 일까지 다시 끄집어낸 것은 잘못이다. 물론 아내가 먼저 잘못을 했지만 당신은 옳게 반응하지 못했다. 이제 당신과 아내는 서로에게 등을 돌린 채 누워 있다. 방 안에 기분 나쁜 침묵과 냉기가 흐른다.

그런데 만약 당신이 몸을 돌려 아내의 어깨를 두드리며 "여보, 화를 내서 미안하오"라고 사과한다면? 여전히 아내가 99퍼센트 잘 못했다고 생각한다 해도 이 얼마나 멋진 행동인가? 비난의 화살을 돌리지 않고 자신의 책임을 인정하는 것, 이것이 건강한 갈등 해결의 열쇠 가운데 하나다. 이것이 복음의 길이다.

폴 트립(Paul Tripp)은 이렇게 말했다. "당신의 가장 큰 문제는 배우자의 불완전함이 아니다."[3] 대부분의 가정에서 가장 큰 문제는 바로 자신이다. 그리고 자기가 통제할 수 있는 사람은 자신뿐이다. 우리가 배우자를 바꿀 수는 없다. 오직 하나님만이 그렇게 하실 수 있다. 따라서 우리가 통제할 수 있는 것은 자신의 생각과 행동, 말뿐이다. 그러니 이제 스스로에게 물어보자. 이 갈등에서 우리에게는 어떤 책임이 있는가? 자신의 책임을 인정하면 갈등이 더 심화되는 것을 막을 수 있다. 해가 질 때까지 분을 품지 마라.

잘 듣기 위한 원칙

지금까지 갈등 속에서 잘 말하기 위한 원칙들을 살펴보았으니 이제는 잘 듣기 위한 원칙들을 살펴보자. 잘 듣기 위해서는 더 큰 절제력이 필요하다. 어떻게든 자신을 변호하고 상대방을 공격해서 말싸움에서 이기려는 것이 인간의 악한 본성이기 때문이다. 하지만 사랑은 언제나 상대방의 말을 듣는다. 자, 좋은 듣기의 일곱 가지 특징을 소개한다.

첫 번째 특징, 몸짓으로 잘 듣고 있다는 신호를 보내라.

몸을 배배 꼬거나 주변을 두리번거리거나 멍한 표정을 짓지 마라. 배우자의 눈을 똑바로 쳐다보라. 진지한 표정으로 집중하라.

두 번째 특징은 논리로 감정을 억누르지 마라.

여자가 "-라고 느꼈어요"라고 말하자마자 남자는 그녀가 그렇게 느끼지 말아야 온갖 이유를 떠올린다. 그리고 나서 그녀의 말을 중간에 끊고 조목조목 반박한다. 이제 원래의 서운한 감정에 무시를 당한 기분까지 더해져 여자는 완전히 마음의 문을 닫아버린다.

세 번째 특징은 논쟁하지 마라.

물론 갈등 중에는 논쟁을 피하기 쉽지 않다. 하지만 반응해야 할 때와 반응하지 말아야 할 때를 가릴 줄 알아야 한다. 배우자가 상처 주는 말이나 근거 없는 말, 분노에 찬 말을 할 때는 일단은 반응하지 않는 것이 답일 수도 있다. 침묵의 시위를 하라는 뜻이 아니다. 말을 하기는 해야 한다. 단지 말끝마다 따지지 마라. 논쟁하지 마라. 상대방이 잘못된 말을 하더라도 그냥 넘어가야 할 때가 있다고 생각한다. 상대방을 용서하기 위해서 때로는 고린도전서 6장 7절의 바울처럼 물을 필요성이 있다. "차라리 속는 것이 낫지 아니하냐?"

네 번째 특징은 끼어들지 마라.

당연한 말이지만 끼어드는 것은 진정으로 듣고 있지 않다는 뜻이다. 그것은 끼어들 틈을 노리기 위해 듣는 것일 뿐이다. 그냥 들으라. 그러기 위해서는 인내력이 필요하다.

다섯 번째 특징은 성급하게 떠나지 마라.

내가 갑자기 가버린다면 배우자가 얼마나 불쾌하겠는가. 물론 성경을 보면 솔로몬은 다른 곳으로 가버렸다. 이렇듯 잠시 떨어져서 흥분을 가라앉히고 기도하면서 생각을 정리할 시간이 필요하기는 하다. 감정이 너무 격해져서 서로에게 독한 말을 퍼붓기만 한다면 잠시 숨을 돌리는 것이 최선책이다.

하지만 갈등 중에 상대방이 마음에 있는 말을 털어놓는데 듣기 싫다며 가버리는 것은 옳지 않다. 그것은 관계를 회복할 의지가 전혀 없다는 뜻이다. 서운한 마음을 쏟아내는 사람에게 등을 돌리고 가버리는 것은 뺨을 때리는 것에 버금가는 모욕이다. 타임아웃이 필요할 때도 있지만 상대방이 말하는데 벌떡 일어나 가버리는 것은 절대 옳지 않다.

여섯 번째 특징은 친구들 앞에서 배우자의 흉을 보지 마라.

이는 남들 앞에서 배우자에게 창피를 주지 말라는 원칙과 일맥 상통한다. 특히, 배우자가 없는 자리에서 흉을 보는 것은 더욱 나쁘다. 이는 사람들이 자신의 편을 들게 만들려는 이기적인 술수다. 올바른 사람이라면 남들 앞에서만큼은 오히려 배우자를 변호해준다.

믿을 만한 신앙의 친구들에게 조언을 구하는 것은 좋지만 조언을 구하는 것과 하소연을 하는 것은 엄연히 다르다. 친구와 의논을 할 때는 자기 자신의 문제점을 다루는 데 초점을 맞춰야한다.

일곱 번째 특징 부정적인 행동을 사용하지 마라.

자세와 표현은 우리가 상대방의 말을 진심으로 듣고 있는지 혹은 다른 생각을 하거나 공격할 구실만 찾고 있는지를 보여준다.

화해에 이르는 용서

이제 본문으로 돌아가, 솔로몬과 아내가 어떻게 화해에 이르렀는지를 보자. 왕비는 동산에서 왕을 찾았다. 둘 사이에 애틋함이 흐르고 있다. 왕비의 마음이 변했다. 하지만 아직 서로 대화를 나누지 않았기 때문에 긴장은 남은 상태다. 이에 멋진 남편답게 솔로몬이 다음과 같이 먼저 다가간다.

> 내 사랑아 너는 디르사 같이 어여쁘고 예루살렘 같이 곱고 깃발을 세운 군대 같이 당당하구나 네 눈이 나를 놀라게 하니 돌이켜 나를 보지 말라 네 머리털은 길르앗 산기슭에 누운 염소 떼 같고 네 이는 목욕하고 나오는 암양 떼 같으니 쌍태를 가졌으며 새끼 없는 것은 하나도 없구나 너울 속의 네 뺨은 석류 한 쪽 같구나 왕비가 육십 명이요 후궁이 팔십 명이요 시녀가 무수하되 내 비둘기 내 완전한 자는 하나뿐이로구나 그는 그의 어머니의 외딸이요 그 낳은 자가 귀중하게 여기는 자로구나 여자들이 그를 보고 복된 자라 하고 왕비와 후궁들도 그를 칭찬하는구나 아침 빛 같이 뚜렷하고 달 같이 아름답고 해 같이 맑고 깃발을 세운 군대 같이 당당한 여자가 누구인가(6:4-10).

솔로몬은 기도하면서 생각을 정리할 시간이 충분했다. 이윽고 왕비는 동산에서 그를 찾았다. 왕비는 그가 크게 노해 있을 줄 알았지만 다행히 하나님이 그의 마음을 어루만지신 후였다. 솔로몬은 아무것도 따지지 않고 오히려 아내에게 황홀한 사랑의 표현을 선사했다. 이 갈등의 한복판에서 진정한 용서가 이루어졌다. 이제 11절과 12절에서 왕비의 반응을 보자.

> 골짜기의 푸른 초목을 보려고 포도나무가 순이 났는가 석류나무가 꽃이 피었는가 알려고 내가 호도 동산으로 내려갔을 때에 부지중에 내 마음이 나를 내 귀한 백성의 수레 가운데에 이르게 하였구나.

솔로몬은 다시 춤 얘기를 꺼냈다. 여기서 우리가 주목할 점은 두 사람이 서로를 용서하고 화해한 덕분에 서로를 향한 애정이 되살아났다는 것이다. 두 사람은 어색한 침묵으로 향하지 않고 서로를 진정으로 용서했다. 그들은 서운함을 뒤로 한 채 화해의 손을 내밀었다. 서운함을 가슴에 품지 않고 하늘로 올려 보냈다. 두 사람이 동시에 겪었던 모든 슬픔과 수치, 고통은 춤으로 변했다.

갈등은 부부생활의 필연적인 일부다. 갈등을 완전히 피해갈 길은 없다. 그런데 갈등은 무엇보다도 자신의 죄와 불안감을 드러낸다. 그래서 갈등은 성화의 도구다.

나는 오랫동안 기독교에 대하여 제대로 몰랐다. 예수님이 나를 사랑하시며 그분께로 가면 기쁨이 충만해진다는 것만 알았지, 그분을 영접하면 그분이 내 마음 깊은 곳을 갈아엎으시고 지독히 어둡고 추악한 것들을 드러내신다는 사실은 전혀 몰랐다. 아무도 내게 마음속의 더러운 깃들을 다루고 십자가를 통해 기쁨에 이르러야 한다는 사실을 말해 주지 않았다.

하나님이 자녀로 부르신 모든 사람을 훈계하시고 사랑하는 자들을 징계하시는 줄은 전혀 몰랐다. 아무도 내게 시편 51편 8절을 읽어 주지 않았다. "주께서 꺾으신 뼈들도 즐거워하게 하소서." 하나님이 뼈를 꺾으신다고? 아무도 내게 모세의 이야기가 어떻게 끝나는지를 말해 주지 않았다. 모세의 이야기가 어떻게 끝나는가? 하나님은 모세를 산 위로 데려가 약속의 땅을 보여 주면서 말씀하셨다. "너는 저기로 들어갈 수 없다. 내가 이 산 위에서 너를 죽일 것이다."

주일학교에서 이런 이야기를 들은 적이 없었다. 마찬가지로, 기독교인의 결혼생활은 전혀 갈등 없이 행복한 날만 펼쳐진다는 착각에 빠질 수 있다. 이것은 비성경적인 관념이다. 많은 커플이 이렇게 현실을 전혀 모른 채 결혼생활을 시작했다가 지독한 갈등의 연속을 경험한다. 하지만 예수님을 믿으면 아무런 문제없이 행복해야만 한다고 생각하기 때문에 아무에게도 힘들다는 말을 할 수 없다.

하나님은 이 타락한 세상에서 부부가 헛된 기대와 환멸 속에서 살기를 바라시지 않는다. 하나님은 두 부부가 결혼생활을 통해 서로에게 더 솔직해지고 그분을 더 깊이 의지하게 되기를 원하신다. 결혼생활이란 두 사람의 마음속에 있는 지독히 어두운 것들을 도려내는 과정이다.

성령을 따라 살면 서로를 사랑하고 자신의 죄를 인정하며 우리가 용서받은 대로 서로를 용서할 수 있게 된다. 성령의 도우심으로 서로를 섬기고 서로를 위해 희생하며 서로에게 복종하면 하나님의 뜻대로 가정 안에 기쁨이 가득하여 예수 그리스도께서 영광을 받으실 수 있다.

7장

부부 사랑

식어가는 불에 관심의 장작을 넣으라

아내는 벽난로에서 타오르는 불을 지독히 좋아한다. 스위치를 돌리면 가짜 나무에서 불이 타오르는 가스난로를 말하는 게 아니다. 아내는 타닥타닥 나무 타는 소리를 원한다. 그리고 그리 추운 날이 아니어도 불을 피우기를 원한다. 그래서 매년 두 달 동안은 우리 집안에 긴장이 흐른다. 아내가 불을 피우라고 할 때마다 나는 "밖의 기온이 20도가 넘어요. 난로를 피울 때가 아니에요"라고 말한다.

그러면 아내가 "새벽에는 17도였어요"라는 식으로 말하지만 나는 여전히 고개를 가로젓는다. "난로와 에어컨을 동시에 틀자는 거예요?" 그러다 결국은 내가 항복한다. 그리하여 우리 집에서는 1년에 약 4개월 동안 매일같이 벽난로를 켠다.

어느 날 진눈깨비기 내리기 시작했다. 그래서 진눈깨비가 내릴 때 밖에 나가기 싫어 평소보다 많은 장작을 마당에 쌓아놓았다. 그런데 진눈깨비가 내리는 날, 내가 일하러 나간 사이에 그 많던 장작이 다 떨어질 줄은 몰랐다. 결국 캄캄한 밤에 오들오들 떨면서 마른 나무를 찾아 눈밭을 헤매야 했다.

우리의 관계들도 이와 같다. 신혼 초에는 불을 피우기가 아주 쉽다. 가만히 나둬도 알아서 활활 타오른다. 하지만 시간이 지날수록 서로에게 익숙해지고 삶에 치이면 불이 약해진다. 처음에는 아주 쉽게 피울 수 있던 불이 점점 피우기기 힘들어진다.

한때 활활 타오르던 불이 삶의 무게로 인해 점점 약해진다. 아직은 그나마 타오르고 있는가? 다행이다. 빨리 장작을 넣으면 된다. 혹시 불이 이미 꺼져서 연기만 나고 있는가? 열기가 거의 남아 있지 않은가?

그럴 때 사람들은 결혼이 언약의 연합이라는 사실을 망각한 것처럼 군다. 불이 꺼지면 부부 사이도 끝이라고 생각한다. 부부 사이에서 열이나 빛이 나지 않으면 다른 곳에서 그것을 찾아야 한다고 생각한다.

하지만 기독교인들은 결혼을 하나님의 은혜로 맺어진 언약으로 본다. 그래서 배우자를 향한 사랑이 식었다는 식으로 말하지 않는다. 왜냐하면 사랑은 감정에서 비롯하지 않기 때문이다. 사랑은 우리가 맺은 언약에서 비롯한다. 명심하라. 결혼은 계약관계가 아니다. 진정한 사랑은 "내가 떠나기를 원하지 않는다면 사랑받는 기분을 느끼기 해 달라"고 말하지 않는다. 그것은 사랑이 아니다. 진정한 사랑은 헌신의 말을 한다. "상관없이 계속해서 나 자신을 내어 주겠소."

그렇다 해도 불이 너무 약한가? 부부가 함께 하는 시간이 길어질수록 근심과 두려움, 피로가 불을 약화시킨다. 때로는 몸과 관련이 있다. 그러니까 신진대사와 호르몬 분비 상태가 변한다. 자녀가 생겨도 역학이 변한다. 직업과 사는 곳도 변한다. 부부가 성장하고 (혹은 성장하지 않고) 주변 환경이 변하면서 둘의 관계는 끊임없이 변한다. 이 모든 작은 여우들이 포도원에 들어와 모든 것을 먹어치우기 시작한다.

이런 스트레스 요인들은 산소 공급을 차단해 불을 꺼뜨릴 수 있다. 조심하지 않으면 서로를 향한 사랑의 불이 꺼질 수 있다.

하지만 계속해서 돌보면 불길을 유지시킬 수 있다. 장작만 계속해서 공급하면 된다. 어둠 속에서 눈밭을 더듬거리며 나무를 찾아야 할 수도 있지만 노력할 만한 가치가 있다. 아가서를 계속 읽다 보면 부부 사랑의 불에 장작을 던지는 것과 관련된 귀중한 교훈들을 발견할 수 있다.

관심을 기울이라

아가서 7장에서 아내의 아름다움을 묘사하는 왕의 언어에서 뭔가 지금까지와 다른 점을 발견할 수 있다.

> 귀한 자의 딸아, 신을 신은 네 발이 어찌 그리 아름다운가. 네 넓적다리는 둥글어서 숙련공의 손이 만든 구슬꿰미 같구나. 배꼽은 섞은 포도주를 가득히 부은 둥근 잔 같고 허리는 백합화로 두른 밀단 같구나(1-2절).

차이점을 찾았는가? 솔로몬은 아내의 몸에 관한 이야기를 할 때마다 눈으로 시작했다. 하지만 이번에는 다르다. 이번에는 발과 넓적다리, 배를 언급했다. 이 차이점에 중요한 의미가 담겨 있다.

이번 장에서는 솔로몬 부부가 나이를 꽤 먹은 것으로 봐야 한다. 이제 두 사람이 함께 한 세월이 적잖이 쌓였다. 이제 솔로몬은 아내에게서 오직 자신만이 볼 수 있는 것들을 발견하기 시작한다. 왕비의 넓적다리가 어떻게 생겼는지는 오직 솔로몬만 알고 있었다. 왕비의 배꼽을 보며 즐거워할 수 있는 사람은 오직 왕뿐이었다. 이런 식으로 두 사람은 서로에 대해서 다른 누구도 알 수 없는 것들을 알아갔다.

남편과 아내들이여, 하나님이 우리 부부들에게 주신 선물 중 하나는 배우자에게서 다른 누구도 찾을 수 없는 (찾아서는 안 되는) 것들을 찾아가는 기쁨이다. 안전한 언약의 관계 속에서 한 사람과 수십 년간 살면서 누구도 볼 수 없는 은밀한 것들을 알아가는 것이 얼마나 귀한 선물인지 모른다.

오직 나만이 아는 아내의 모습들이 있다. 심지어 나는 아내 자신도 모르는 아내의 모습들을 알고 있다. 아내와 한 몸을 이룬 나만이 볼 수 있는 아름답고도 놀라운 점들이 있다.

나는 아내에게 이런 점들을 말해 주곤 한다. 함께 앉아서 앞으로 어떻게 살고 아이들을 어떻게 키울지에 관해서 이야기를 나누다가 불쑥 "여보, 당신에게서 이런 모습을 봤는데 정말 사랑스러워요"라고 말한다. 그러면 아내가 놀라면서도 기쁜 표정으로 나를 쳐다본다.

사랑의 불에 장작을 던지고 싶은 남편과 아내들이 가장 먼저 해야 할 것은 관심을 기울이는 것이다.

부부끼리는 다른 누구도 볼 수 없는 것들을 볼 수 있다. 따라서 관심을 기울여 배우자를 연구하고 나서 그것들을 통해 사랑의 표현을 하라.

오래 전에 더들리 콜리슨(Dudley Collison)이란 남자에게서 아내에게 프러포즈한 이야기를 들었다. 이렇게까지 정성을 들인 프러포즈는 처음 들어봤다. 그는 여자 친구를 차에 태워 어느 호수로 갔다. 호수에서 두 사람은 카누를 타고 호수 한가운데 있는 작은 섬으로 갔다. 그 섬에는 콜리슨이 미리 차려놓은 점심이 있었다. 두 사람이 로맨틱한 식사를 마치고 나자 모터보트 한 대가 날아왔다. 두 사람은 모터보트를 타고 한동안 스피드를 즐기다가 리무진이 기다리고 있는 선착장으로 갔다. 두 사람을 태운 리무진은 비행장에 도착했고, 거기서 두 사람은 작은 비행기를 타고 아칸소 주의 아름다운 산들 위로 날아갔다. 두 사람은 한 작은 대학 캠퍼스의 풀이 우거진 활주로에 착륙했다. 두 사람이 캠퍼스 채플로 들어가자 마치 결혼식장처럼 완벽히 꾸며져 있었다. 촛불들이 켜져 있고 사방에 꽃이 흩어져 있었다. 여자 친구는 앞쪽에 자신의 이름이 적힌 봉투가 있는 것을 보고 열었다. 안에는 결혼해 달라는 프러포즈의 편지가 들어 있었다. 여자 친구가 몸을 돌려서 보니 콜리슨이 무릎을 꿇고 반지를 내밀고 있었다.

여자 친구는 당연히 반지를 받아들었다. 이어서 콜리슨은 여자 친구를 밖에 기다리고 있는 트럭으로 데려갔다. 겨우 굴러가기만 하는 낡아빠진 고물 자동차였다. 두 사람은 그 차를 타고 식당에 갔고 거기서 콜리슨은 두 사람이 탄 것들의 의미를 설명했다.

첫 번째 차는 함께 사는 평범한 날들을 의미했다. 카누는 목적지에 이르기 위해 함께 노력하는 시간들을 의미했다. 모터보트는 두 사람이 함께 즐길 재미를 의미했다. 다른 사람이 운전한 리무진은 두 사람의 삶이 남들에게 영향을 받는다는 것을 의미했다. 비행기는 함께 하는 영적 여행을 의미했다. 마지막으로, 낡은 고물 트럭은 함께 늙어가는 것을 의미했다.

콜리슨은 아내에게 이렇게 대단한 청혼을 했다. 하지만 여기서 끝이 아니다. 두 사람은 어느 달의 31일에 결혼식을 올렸다. 콜리슨은 31일까지 있는 달이 1년에 일곱 달이라는 사실을 알고서 31일마다 아내를 위한 작은 선물을 사서 아내로 하여금 찾게 한다. 선물은, 평소에 아내가 좋아하는 것들을 메모했다가 그것을 산다. 예를 들어, 어느 달 31일에 아내가 차에 타서 시동을 걸면 새 CD에서 아내가 좋아하는 음악이 흘러나오는 식이다.

콜리슨은 결혼한 지 15년이 흐른 지금도 31일이면 아내가 눈을 뜨자마자 선물을 찾기 시작한다고 말한다. 대학 시절에 이 남자를 만나고서 스승으로 삼아야겠다는 생각을 했다. 솔직히, 우리 대부분이 이런 면에서 부족한 것이 사실이지 않은가. 물론 위의 사례가 좀 극단적인 사례이긴 하다. 하지만 아내에게 관심을 기울이고, 그렇게 해서 알아낸 것으로 아내를 기쁘게 해주는 것은 분명 배워야 할 점이다.

대부분의 남자들은 아내의 생일과 결혼기념일에 몰아서 애정 표현을 한다. 하지만 그것만으로는 부족하다. 좀 더 범위를 넓히는 게 어떤가?

아내에게 관심을 기울이고 그렇게 해서 알아낸 것으로 아내를 기쁘게 해주라. 1년에 한두 날을 정해 정말 특별한 이벤트를 준비해보라. 아이디어가 필요하다면 인터넷을 검색해보라. 저스틴 버자드(Justin Buzzard)의 책《행복을 원하는 남편들의 결혼생활 가이

드》(*Date Your Wife*, 너의오월 역간)를 꼭 한번 읽어보라고 권하고 싶다. 이 외에도 자료가 지천에 널려 있다.

관심을 기울이면 굳이 묻지 않아도 아내가 무엇을 좋아하고 무엇을 좋아하지 않는지 알 수 있다. 마지못해 아내와 백화점에 함께 가기로 약속했는가? 이왕 가기로 한 것, 기쁘게 가서 보면 "와, 예쁘다" 혹은 "정말 마음에 들어" 혹은 "이건 정말 별로네"와 같은 말을 들을 수 있다. 관심을 기울이고, 필요하다면 메모를 하라.

아내가 잡지나 책, 텔레비전 광고 속에 있는 것들에 관해 말할 때 유심히 들어보라. 아내가 식당에서 음식과 음료에 관해서 하는 말을 그냥 지나가는 소리로 듣지 말고 유심히 귀를 기울이라. 아내에 관해 연구하라.

그렇게 연구하고 메모한 것들을 토대로 깜짝 선물과 이벤트를 마련하라. 일상적인 대화 속에서 아내가 좋아하는 것들과 싫어하는 것들을 이야기해보라. 그러면 당신이 자신에게 관심이 있다는 사실을 알고서 기뻐할 것이다. 여자들은 관심 받는 것을 절실히 원한다. "당신은 나를 잘 모르는 것 같아요." 아내에게 이런 말을 자주 듣는가? 이처럼 아내에게는 관심이 정말로 중요하다. 음식과 음료, 옷 등이 사소해 보이지만 이런 것에서 아내의 취향을 기억하면 당신이 아내의 말을 잘 듣고 일거수일투족에 관심을 갖고 있음을 보여줄 수 있다. 이것이 불에 장작을 던지기 위한 방법 중 하나다.

특별한 날이 아니어도 꽃을 들고 귀가하라. 아내를 생각하고 있디는 문자와 이메일을 보내라.

한편, 남자들도 사랑을 원한다는 사실을 잊지 말자! 솔로몬의 아내는 남편이 가버리자 곧장 찾아 나섰다. 이로 인해 솔로몬은 매우 기뻤을 게 분명하다. 솔로몬의 아내는 "가든 말든"이라고 말하지 않고 남편을 쫓아갔다. 나는 남편이 먼저 손을 내미는 것이 성경적이라고 믿지만 때로는 아내가 먼저 다가가야 할 때도 있다.

아내들이여, 아내를 기쁘게 할 방법이 두 가지가 있다. 첫 번째 방법은 격려와 존경의 말이다. 남편을 세워주라. 남편은 매일같이 내적으로 외적으로 비판에 시달려야 한다. 자신의 남성다움과 능력, 재능에 대한 열등감과 좌절감이 거의 매순간 남편들을 공격하고 있다. 아내만큼 남편의 이런 열등감과 좌절감을 크게 증폭시키거나 줄여줄 수 있는 사람도 없다. 남편에게 아내의 말은 그 누구의 말보다도 중요하다. 성경을 통한 하나님의 말씀을 제외하면 아내의 말은 남편의 마음에 가장 큰 영향을 끼치는 말이다.

남편을 아프게 하거나 치유할 수 있는 것들에 관심을 기울이고, 치유의 말을 하려고 애를 쓰라. 남편이 무엇을 좋아하고 무엇에 관심이 있는지 열심히 연구하라. 남편의 약점만 찾아내지 말고 남편 자신도 모르는 장점을 찾아서 알려 주라.

남편에게 애정 표현을 자주 하는 것도 중요하다. 부부가 사랑의 불을 유지하려면 서로에게 관심을 기울여 서로에 관해 점점 더 깊이 알아가는 것이 매우 중요하다. 관심은 더없이 좋은 장작이다.

둘만을 위한 쉼

가끔은 일상에서 벗어나 쉼을 가져야 한다.

휴가는 꼭 필요하다. 자녀를 떠나 밖에서 둘만의 시간을 가질수 있다면 그렇게 하라. 하다못해 장시간의 데이트만 해도 좋다. 하지만 자주 밤에 데이트를 하거나 여행을 갈 만한 재정적인 여력이되는 사람은 그리 많지 않다. 따라서 일상 속에서 둘만의 시간을 낼수 있도록 창의력을 발휘할 필요성이 있다. 시간이나 돈이 별로 없어도 창의력을 발휘하면 얼마든지 양질의 시간을 보낼 수 있다.

내가 가장 좋아하는 시간 중 하나는 이른 아침 아이들이 깨어나기 전에 아내와 단 둘이 보내는 시간이다. 우리는 뒷마당에 나란히 앉아 성경을 읽고 커피를 마시면서 고요한 아침을 즐기곤 한다. 이런 순간에는 평소에 못 다한 이야기를 할 수도 있다. 아니, 서로 아무런 말을 하지 않아도 그저 함께 있는 것만으로도 행복하다.

우리는 한번 밤에 데이트를 나가면 아이들이 잠들 때까지 실컷 즐기다 오곤 한다. 우리는 점심시간이나 오후, 아이들이 잠든 한밤, 이른 새벽까지 틈만 나면 둘만의 시간을 보내려고 노력한다.

바쁜 일상을 잊어버리고 오직 서로에게만 집중하는 시간이필요하다. 이런 시간을 내지 않으면 쌓인 스트레스를 서로에게 풀기 쉽다. 둘이서 함께 오로지 쉬고 서로를 즐기는 데만 집중할 시간을 내기 위해 노력해야 한다. 솔로몬의 아내는 남편에게 바로 이런시간을 제안했다.

내 사랑하는 자야 우리가 함께 들로 가서 동네에서 유숙하자 우리가 일찍이 일어나서 포도원으로 가서 포도 움이 돋았는지 꽃술이 퍼졌는지 석류꽃이 피었는지 보자 거기에서 내가 내 사랑을 네게 주리라 합환채가 향기를 뿜어내고 우리의 문 앞에는 여러 가지 귀한 열매가 새 것 묵은 것으로 마련되었구나 내가 내 사랑하는 자 너를 위하여 쌓아 둔 것이로다(7:11-13).

"휴가를 내요. 좀 쉬어요." 왕비는 그렇게 말한 것이다.

7장 13절에서 왕비는 남편을 은근히 유혹하고 있다. "당신이 좋아하는 묵은 열매들을 마련해두었어요. 새 열매들도 많으니 어서 가요." 솔로몬이 모임을 뒤로 미루지 않았을까? 내가 볼 때 필시 그는 그 즉시 스케줄을 완전히 비웠을 것이다.

나는 결혼기념일을 비롯해서 1년에 두세 번 아내에게 다음과 같이 묻는다.

내가 무엇을 잘하고 있소?

내가 무엇을 더 잘해야 하오?

어떻게 도와줬으면 좋겠소?

배우자에게 이렇게 물을 때는 언제나 귀를 열고 인내심으로 듣겠다는 생각으로 물어야 한다. 방어자세로 들어서는 안 된다. 정말로 부부의 불을 키우기를 원한다면 열린 마음으로 배우자의 평가를 듣고 올바른 지적은 받아들일 줄 알아야 한다(살전 5:21을 보라).

이 부분에서 나는 많은 성장을 이루어야만 했다. 예전에는 아내가 작은 지적만 해도 내심 그것이 옳다는 것을 알면서도 어떻게든 나를 변호하려고 했다. 좀처럼 고개를 끄덕이지 않았다.

"여보, 앞으로는 이렇게 해주었으면 좋겠어요." 아내가 내게 편안하게 이런 말을 하게 되기까지는 꽤 오랜 시간이 걸렸다.

나는 하루 종일 일하느라 피곤하고 아이들은 사방에서 소리를 치며 뛰어다니고 아내는 저녁을 준비하고 있는 상황에서는 이런 대화를 나누기가 쉽지 않다. 이런 대화는 쉬는 시간을 내서 편안한 분위기에서 해야 한다. 어떻게든 쉬는 시간을 내라. 휴식은 결혼의 불을 키워주는 장작이다.

부단히 노력이 필요하다

우리 집 앞마당의 장작은 어느 날 아침 저절로 나타난 것이 아니다. 아내가 벽난로의 불을 원했기 때문에 내가 어둠과 추위를 무릅쓰고 나가서 열심히 구해온 것이다. 결혼생활의 불길을 유지하는 데 가장 큰 걸림돌은 단순한 게으름이 아닐까 싶다.

가만히 두면 관계는 점점 시들해지는 법이니 부지런히 가꿔야만 한다. 물론 열정의 불이 항상 신혼 초와 같을 수는 없지만 세상 모든 부부는 하나님께 그 불을 돌보라는 명령을 받았다. 불을 늘 주시해야 한다. 그래서 불길이 약해지는 기미가 보이면 서둘러 장작을 집어넣어야 한다.

불이 꺼져가고 있는가? 방안이 어둡고 냉기가 흐르는가? 그럴 때는 기독교인들이 언약의 백성임을 기억해야 한다. 기독교인 부부들은 서로에게 헌신을 약속한 사람들이다.

이 사실을 기억하면서 배우자에게 죄를 고백하고 회개하고 용서를 구하면서 불길을 다시 타오르게 만들기 위해 애를 써야 한다. 부부 상담만 받아도 크게 좋아질 수 있는 부부가 많은데 상담은 이혼 직전에 이른 부부에게나 필요하다며 가지 않는 사람들이 너무 많이 안타깝다. 창피하거나 귀찮다는 이유로 교회의 장로나 목사, 상담자를 찾아가지 않는 사람들도 많다. 이렇게 가정에 새로운 생명을 불어넣기 위해서 노력하지 않는 것은 곧 게으름이다.

배우자에게 물어야 할 질문 몇 가지를 소개한다.

"어떻게 하면 우리 가정이 회복되겠소?"

"내가 당신을 어떻게 사랑하고 섬기길 바라오?"

배우자에게 이렇게 묻고 나서 배우자를 사랑하고 섬기기 위해 최선을 다하라. 배우자는 하나님이 우리에게 주신 선물이다. 만약 결혼생활을 열심히 돌보지 않는다면 하나님이 주신 귀한 선물을 낭비하는 꼴이다. 불을 포기하지 마라.

부부가 깊이 친밀해지기 위한 유일한 방법은 처음 5-6년을 버티는 것이다. 요즘 세상에서는 7년째를 넘기지 못하는 가정이 너무도 많다. 겨우 7년을 넘기더라도 더 이상 서로를 사랑하지 않는 경우가 비일비재하다. 그저 침실만 함께 쓸 뿐 남이나 다른 상태로 전락하곤 한다.

솔로몬과 왕비는 부단히 노력했다. 세월이 흐르면서 주름과 몸무게가 늘었지만 여전히 서로에게 뜨거운 애정 표현을 했다. 두 사람은 부부의 불을 유지하기 위해 의식적인 노력을 했다.

부부 사이에 뜨거운 사랑을 유지하는 열쇠는 노력이다. 게을러서는 불을 키울 수 없다.

서로를 기뻐하라

남편과 아내가 서로를 기뻐하는 것은 선택사항이 아니라 필수사항이다. 물론 서로를 항상 기뻐하기란 쉽지 않다. 배우자에게서 마음에 드는 부분도 있지만 마음에 들지 않는 구석도 있기 마련이니까 말이다. 하지만 배우자를 기뻐하려고 노력은 해야 한다. 배우자는 하나님의 형상을 따라 지음 받은 존재이며 독특한 재능과 장점을 갖고 있다. 이런 점을 생각할 때, 특히 비가 오나 눈이 오나 사랑하기 약속했으니, 배우자를 기뻐하는 것이 마땅하다. 이것이 우리를 기뻐하시는 그리스도를 본받는 길이다(습 3:17을 보라).

게리 토머스는 부부 사이에 불만이 끊이지 않는 것이 죄라고 말했다. 그의 말을 더 들어보자.

> 부부 사이에서 불만이 싹틀 때마다(사실상 모든 가정에서 일어나
> 는 일) 나는 내가 무엇에 초점을 맞추고 있는지를 점검한다. 배
> 우자와의 관계에서 가장 행복하고 만족스러울 때는 '더 나은' 아
> 내를 요구하기보다는 더 나은 남편이 되는 일에서 의미와 만족
> 을 찾을 때다.
> 성경에 따르면 우리는 배우자를 다른 사람으로 바꿀 수 없다.
> 하지만 자기 자신은 바꿀 수 있다. 바로 이런 변화가 만족을 가
> 져온다. 배우자를 바꾸기만 하면 만족이 찾아올 거라는 생각은
> 착각일 뿐이다. 재미있지 않은가? 파트너를 변화시켜야 하는데
> 변해야 하는 파트너는 배우자가 아니라 우리 자신이니 말이다.
> 이유는 모르겠다. 배우자에게 불만이 많다가 하나님의 은혜로
> 나 자신을 변화시키고 나면 배우자는 그대로인데 갑자기 불만
> 이 사라지는 이유를 모르겠다. 이유는 모르겠지만 이렇게 된
> 다. 물론 시간이 걸린다. 몇 년이 걸릴 수도 있다. 하지만 예수
> 님께로 가까이 가려고 애를 쓰면 그분을 닮아가면서 기쁨이 찾
> 아온다. 이혼을 생각하거나 바람을 피우는 것처럼 그분이 싫어
> 하시는 일을 해서는 '절대' 기쁨을 찾을 수 없다.[1]

불만은 너무도 쉽게 싹이 튼다. 그럴 때 우리는 불만을 품을

수밖에 없는 상황이라고 말한다. 하지만 하나님은 불만과 싸우라고 명령하신다. 우리는 존 파이퍼(John Piper)가 말하는 "기쁨의 의무"를 다해야 한다. 배우자를 자세히 들여다보면 아름다움과 매력, 경이가 눈에 들어온다. 기쁨을 찾을 수 있다. 은혜의 눈으로 열심히 들여다보면 심지어 처음 사귈 때의 기쁨을 찾을 수도 있다. 셜리 라이스(Shirley Rice)는 아내들에게 다음과 같이 말했다.

> 남편과 사랑에 빠져 있는가? 남편을 사랑한다는 것은 잘 알고 있다. 남편과 오랫동안 함께 살았고 그에게 익숙해졌으니 사랑할 것이다. 아이들의 아버지이니 사랑할 것이다. 하지만 남편과 사랑에 빠져 있는가? 남편을 보기만 해도 가슴이 쿵쾅거린지 얼마나 되었는가? … 남편에게 처음 끌렸던 이유들을 왜 잊어버렸는가? … 하나님의 은혜로 생각의 패턴을 바꿔나가기를 바란다. 내일 아침, 토스터나 젖병에서 눈을 떼서 한참 동안 남편을 바라보라. 떡 벌어진 어깨가 보이지 않는가? 남편의 손을 보라. 그의 강한 손을 보기만 해도 가슴이 설레던 시절이 기억나는가? 그리고 입을 열어 사랑한다고 말하라. [2]

부부가 나이를 먹으면서 상황이 바뀌면 배우자를 좋아하는 이유도 달라져야 한다. 혹은 접근법을 바꾸어야 한다.

아가서 7장을 보면 솔로몬 부부는 나이를 먹어서도 함께 많은 시간을 보냈다. 그렇게 두 사람은 엄청나게 노력을 했다. 그리고 덕분에 사랑의 불을 강력하게 유지할 수 있었다. 솔로몬이 아내의 육체를 계속해서 매력적으로 묘사하고 아내도 사랑의 고백으로 화답한 것을 보면 알 수 있다.

어떻게 된 것인가? 어색함이 사라졌다. 이제 두 사람은 어떻게 해야 상대방이 기뻐하는지를 정확히 알고 있다. 이것은 결혼 첫해에는 알 수 없는 것이다. 시간이 걸려야 한다. 수년은 족히 걸려야 한다. 수많은 노력과 연구, 은혜가 필요하다.

흔히 젊은 부부들만 성을 즐긴다고 생각하는데 전혀 그렇지 않다. 계속해서 불을 키우면 오히려 더 즐거워진다. 기술도 좋아지고 서로의 몸도 더 잘 알게 되기 때문이다. 노력의 열매가 점점 나타난다. 단순히 성에 대해서만 그런 것이 아니다. 하나님의 은혜 안에서 갈등을 잘 이겨내고 화목에 이른 부부의 말년은 말할 수 없이 달콤하고 풍성하다. 압력이 석탄을 다이아몬드로 만드는 것처럼 힘든 시절은 두 사람을 아름답게 빚어낸다. 노부부가 더듬더듬 서로의 가려운 구석을 긁어주며 섬기는 모습이 얼마나 아름다운가. 이는 바로 노력의 결실이다.

8장에서 솔로몬과 아내는 마치 갓 결혼한 부부처럼 서로에게 열정적이다.

네가 내 어머니의 젖을 먹은 오라비 같았더라면 내가 밖에서 너를 만날 때에 입을 맞추어도 나를 업신여길 자가 없었을 것이라. 내가 너를 이끌어 내 어머니 집에 들이고 네게서 교훈을 받았으리라. 나는 향기로운 술 곧 석류즙으로 네게 마시게 하겠고 너는 왼팔로는 내 머리를 고이고 오른손으로는 나를 안았으리라. 예루살렘 딸들아, 내가 너희에게 부탁한다. 내 사랑하는 자가 원하기 전에는 흔들지 말며 깨우지 말지니라(1-4절).

왕비는 지난 결혼생활을 돌아보며 "우리, 참 잘 살았지요?"라고 말한다. 그녀는 만족감과 감사가 충만할 대로 충만해져서 기쁨의 선포를 한다. "때가 될 때까지 사랑을 깨우지 않은 결과, 비할 데가 없이 강해서 꺼지지 않는 사랑의 불을 얻었노라."

갈등과 그것을 극복하기 위한 노력, 그 사이에 얻은 주름살과 뱃살은 모두 헛된 것이 아니었다. 오랜 세월 끝에 열린 열매는 달콤하기 그지없다. 오늘부터 시작하면 된다. 지금까지 시간을 낭비했다고 해서 포기하지 마라. 이제부터 시간 낭비를 그만하면 된다. 그리스도께서 가정 안에 계시면 결혼의 불을 얼마든지 다시 피울 수 있다. 관심을 기울이고, 서로를 위한 시간을 내고, 노력하고, 서로를 더없이 기뻐하라.

함께 늙어가는 삶

독이 되는 결혼은 없다, 복이 되는 결혼만 있다

8장은 아가서에서 가장 어려운 장이 아닌가 싶다. 아가서 8장은 끝까지 잘 산 삶이 어떤 삶인지를 보여 준다. 말년에 "잘하였도다, 착하고 충성된 종아!"라는 칭찬이 귀에 선할 만큼 잘 살았다고 자부할 수 있다면 얼마나 좋을까? 아가서 8장은 바로 그런 말년을 그리고 있다.

인간의 시각으로 보면 인생은 길고도 힘겨워 보인다. 어떻게 해야 이 긴 세월을 잘 살고서 말년에 깊은 만족감으로 흐뭇한 미소를 지을 수 있을까?

나는 예전부터 80세에 어떤 삶을 살고 있을지 상상해 왔다. 그 나이까지 살지 못할지도 모르지만 그래도 상상을 해 본다. 아내와 함께 뒷마당에 앉아서 커피를 마시고 있다. 내 친구들인 블리커(Bleaker)와 더그(Doug), 조시(Josh), 브라리언(Bryan)도 놀러와 있다. 우리는 함께 사역했던 지난날을 돌아보며 하나님이 우리 같은 어리석은 자들을 통해 행하신 역사에 놀라워한다. 하나님의 신실하심을 보여 주는 이야기가 꼬리에 꼬리를 문다. "그때 기억나요? 하나님이 이런 일을 해주셨잖아요. 그때 하나님이 우리를 어떻게 구해주셨는지 기억나요? 정말 놀라운 역사였지요."

그리고 나서 나는 손자들과 논다. 녀석들이 뛰고 달리고 노래하고 춤추는 모습을 보는 내내 주름살 가득한 내 얼굴에 미소가 가득하다. 그리고 나서 있는 힘을 다 그러모아 설교를 하러 간다.

나는 80대에도 설교를 하고 싶다. 3-40대에는 할 수 없는 말을 팔십 대에는 할 수 있기 때문이다. 삼사십 대가 귀에 거슬리는 말을 하면 사람들은 "당장 가서 따져야 해"라고 말한다. 하지만 팔십 대가 똑같은 말을 하면 사람들은 "노인이잖아"라며 편하게 넘어간다. 게다가 그토록 오랫동안 충성스럽게 교회를 섬긴 사람이 말하면 사람들이 웬만하면 듣는 법이니까.

이런 순간에 이르고 싶은 마음이 간절하다. 내 전쟁이 끝나고 나서 최전선에 있는 젊은이들을 응원하고 격려하고 도울 날을 고대하고 있다.

사실, 지난 몇 년간의 상황을 보아하니 내가 80세에 이를 확률은 그리 높지 않아 보인다. 뇌종양과의 사투 이후 계속해서 검사 결과가 깨끗하게 나오긴 했지만 팔십 대까지 살기는 쉽지 않아 보인다. 하지만 나는 내가 어떤 하나님을 섬기고 있는지 잘 안다. 하나님이 모든 것을 아시는 줄 알기에 내 삶을 그분께 온전히 맡겼다. 우리네 삶은 당장 내일도 기약할 수 없다. 꼭 암이 아니라도 나는 내일 갑자기 세상을 떠날 수 있다. 하지만 내 삶을 그분께 모두 맡겼으니 아무런 걱정이 없다.

하지만 인생을 잘 마무리하고 싶은 욕심은 있다. 내 경주의 끝을 보고 싶다. 뇌종양으로 2년 뒤에 죽든 자동차 사고로 다음 주에 죽든 85세에 자다가 평온히 눈을 감든 내 인생의 경주를 잘 달리고 싶다. 내가 하나님의 은혜로 그분께 충성을 다했다는 확신 속에서 삶을 마치고 싶다. 말년에 나 자신을 낮추고 그리스도를 높였노라 자신 있게 말하고 싶다.

겸손한 삶을 통해 이렇게 말하고 싶다. "그리스도께서 나의 가장 귀한 보물이시다. 오직 그분만을 높여야 한다. 오직 그분만을 찬양하고 사랑해야 한다. 나는 평생 그분이 시키신 대로만 했을 뿐이다."

내 삶을 이렇게 마무리하고 싶다. 나는 이런 비전을 품고서 날마다 더 나아지기를 기도하고 있다. 물론 나는 완벽하지 않다. 이 비전을 완벽하게 이루지는 못할 것이다. 회개해야 할 새로운 죄가 날마다 새롭게 나타난다. 지난날을 돌아보면 후회할 일이 수두룩하고, 오래 전에 회개했던 죄들이 지금까지도 나를 공격하고 있다. 하지만 신실하신 하나님이 내 삶을 온전히 이끄시어 영광을 받으실 줄로 믿는다.

성경 전체를 보면 솔로몬의 이야기는 결국 지독한 죄와 어리석음으로 치닫는다. 그렇다 해도 그가 남긴 지혜를 부정할 수는 없다. 하나님이 그를 통해 쓰신 이 글에는 분명 배워야 할 것이 많다. 나는 성령이 솔로몬을 통해 역사하셨고 나를 통해서도 역사하실 줄로 믿는다.

자, 아가서의 마지막 장에서 발견할 수 있는 것은 바로 인생을 잘 마무리하는 법이다. 아름다운 말년에 관한 비전을 세울 때 가장 먼저 기억해야 할 것은 여러 모로 속도가 늦어지더라도 전진을 멈춰서는 안 된다는 것이다.

여전히 열정적인 부부

아가서 8장 1-3절로 돌아가 솔로몬과 그 아내의 로맨틱한 삶을 다시 들여다보자.

네가 내 어머니의 젖을 먹은 오라비 같았더라면 내가 밖에서 너를 만날 때에 입을 맞추어도 나를 업신여길 자가 없었을 것이

라. 내가 너를 이끌어 내 어머니 집에 들이고 내게서 교훈을 받았으리라. 나는 향기로운 술 곧 석류즙으로 네게 마시게 하겠고 너는 왼팔로는 내 머리를 고이고 오른손으로는 나를 안았으리라.

이 노부부는 오랜 세월 함께 살면서도 서로에게 익숙해졌음에도 여전히 서로를 열정적으로 사랑하고 있다. 불과 몇 구절 안에서 여러 개의 열정적인 표현이 등장한다.

너를 만나다.
너에게 입을 맞추다.
너를 이끌다.
너를 들이다.

거동은 느려졌을지 몰라도 서로를 향한 사랑은 조금도 느려지지 않았다. 두 사람은 서로가 단순한 동거인이 변하는 것을 한사코 거부했다. 또한 두 사람이 남들 앞에서만이 아니라(거리에서) 사석에서도(집에서) 사랑을 표현했다는 점을 보면 그들의 사랑은 쇼가 아니었다. 그들은 남들 앞에서만 다정한 척 손을 잡고 다니다가 집에 들어서는 순간 손을 확 뿌리치고 서로에게 등을 돌린 것이 아니었다. 반대로, 둘이 있을 때만 사랑을 표현한 것도 아니었다.

나이 지긋한 부부가 공원이나 식당에서 손을 꼭 잡고 다정하게 이야기하는 모습을 보면 감동이 밀려오지 않는가? 할머니를 위해 문을 열어주거나 할머니가 차에서 내리는 것을 도와주는 할아버지. 잘 보거나 듣지 못하는 할아버지를 위해 턱의 음식물을 닦아주거나 대신 주문을 해주는 할머니. 그토록 오랜 세월을 함께 살고도 여전히 서로를 향한 열정으로 타오르는 노부부. 이런 모습은 언제나 감동적이다.

인생의 계절마다 마음을 표현하는 방식이 달라진다.

아무리 나이를 먹어도 서로를 향한 열정이 있어야 한다. 그런 걱정은 80세가 돼서 하면 된다고 생각하는가? 그렇지 않다. 80세까지 계속해서 서로에 대한 열정을 유지해야 한다. 그래야 부부가 아름다운 노년을 보낼 수 있다. 서로를 계속해서 열정적으로 사랑하라. 열정을 멈추지 마라.

계속해서 배우자를 열정적으로 추구하라. 날마다 배우자를 더 원하라.

팔십 대에 이르면 많은 것에서 은퇴해야 하지만 배우자를 사랑하는 일에서는 은퇴하지 말아야 한다. 죽는 그날까지 배우자를 열정적으로 사랑하라. 이것이 진정으로 의미 있는 장수다.

"이제야 당신을 알겠소"라고 말할 날은 오지 않는다. 죽을 때까지 배우자를 더 깊이 알아가야 한다. 끝까지 곁을 지켜 주는 부부 계속해서 아가서를 보자.

너는 나를 도장 같이 마음에 품고 도장 같이 팔에 두라. 사랑은 죽음 같이 강하고 질투는 스올 같이 잔인하며 불길 같이 일어나니 그 기세가 여호와의 불과 같으니라. 많은 물도 이 사랑을 끄지 못하겠고 홍수라도 삼키지 못하나니 사람이 그의 온 가산을 다 주고 사랑과 바꾸려 할지라도 오히려 멸시를 받으리라(6-7절).

이 구절에서 사랑은 '아하바'다. 이는 끝까지 붙잡아주는 사랑이다. "어디도 가지 않겠어요"라고 말하는 사랑이다.

아하바는 죽음만큼이나 강하다. 아바하는 소멸하는 불이신 하나님에게서 비롯하기 때문에 불같이 타오른다. 바다가 온 땅을 뒤덮어도 아하바만큼은 삼키지 못한다. 아하바는 세상의 모든 부를 합친 것보다도 귀하다.

서로의 곁을 끝까지 지키려면 배우자와 주님께 한 언약을 기억해야 한다. "예수님이 그분의 신부를 버리시지 않은 것처럼 나도 어디도 가지 않겠어요." 이런 아하바의 사랑으로 끊임없이 돌아가야 한다.

나는 평생 몸이 좋다는 말을 듣고 살았다. 키가 크고 몸에는 군살이 하나도 없다. 그리고 마른 사람 치고 힘도 좋다. 게다가 에너지도 넘친다. 어디를 가나 분위기 메이커라는 말을 듣는다. 아내는 나의 이런 면에 끌렸다고 말한다. 아내는 나를 우리 집안의 "레

크리에이션 진행자"로 부르곤 했다.

그러던 내가 아프기 시작했다. 몇 달 만에 내게서 모든 힘과 활기가 빠져나갔다. 재기발랄한 모습이 완전히 사라졌다. 어느 순간부터 지극히 단순한 일조차 할 수 없을 지경에 이르렀다. 심지어 혼자 샤워도 할 수 없었다. 아니, 가만히 서 있기조차 힘들었다.

나는 혼자서 살아갈 능력을 잃었다. 더 이상 아내와 로맨틱한 순간을 즐길 수 없었다. 성욕도 사라졌다. 도대체 뇌수술이 내게 무슨 짓을 했는지 답답하기만 했다. 이 암을 이겨내더라도 예전에 즐겼던 수많은 것을 다시는 즐길 수 없을 것만 같아 두려웠다. 평생 이렇게 살까봐 두려웠다.

나는 최악의 상황에 처해 있었다. 그렇다고 해서 우울증에 걸리지는 않았지만 혼자 화장실에 토하러 갈 수도 없을 만큼 지독히 약해져 있었다. 하지만 하나님이 우리 부부에게 아하바의 사랑을 주셔서 얼마나 감사한지 모른다. 그 시절을 돌아보면 지금도 감사가 절로 나온다.

변덕스러운 감정적인 사랑에 의지하지 않아도 되니 얼마나 감사한가. 아하바의 사랑이 우리를 헤어지지 않도록 붙잡아주니 얼마나 감사한가. 비록 내가 비참한 상황에 처해 있었지만 아내가 끊임없이 하나님의 은혜를 일깨워주어서 얼마나 감사한지 모른다. 아내는 몸을 돌려 도망가지 않았다. 아내는 끝까지 내 곁에 남아 나를 도와주고 사랑해주고 부축해주었다. 아내는 나를 향한 아하바의 사랑을 증명해 보였다. 내가 보답할 수 없는 상황일 때도 변함없는 사랑. 바로 이것이 아하바의 사랑이다.

처음 7년간 우리 부부의 결혼생활은 지독히 힘들었다. 내 마음은 틈만 나면 어두워지곤 했다. 한 사건이 특히 기억난다. 우리 부부의 결혼생활에서 한 획을 그은 사건이다. 그날 나는 아내에게 지독히 잔인한 말을 했다. 극도로 화가 난 상태에서 나는 아내가 이 기적이라고 생각했고, 아내에게 실제로 그렇게 말을 했다. 창피한 말이지만, 아내에게 상처를 주고 싶었다.

나는 주방에 있었고 아내는 다른 방의 의자에 앉아 있었다. 나는 미움으로 가득 차, 아내에게 깊은 상처를 줄 것을 알면서도 가혹한 말을 내뱉었다. 심지어 그런 말을 해 놓고도 후회하지 않았다. 아내에게 상처를 주고 싶었다.

내 안에 독이 가득 차서 입 밖으로까지 튀어나왔다. 나는 원래 고함을 치지는 않지만 사실 목소리가 꽤 커서 고함을 칠 필요도 없다. 나는 아내에게 상처를 주고 싶어 일부러 독한 말을 쏟아냈다. 그날 주방에서 나는 철부지 아이처럼 못나게 굴었다.

그 다음 상황을 평생 잊지 못하리라. 아내가 의자에서 일어나 내게 다가왔다. 나는 아내가 뭐라고 반격하든 더 세게 반격할 준비를 하고 있었다. 그런데 뜻밖에도 아내는 나를 붙잡아 자신에게로 가까이 끌어당기고서 흐느끼기 시작했다. 아내는 한참을 울다가 말했다. "당신이 왜 그러는지 모르겠지만 나는 어디도 가지 않겠어요."

그 말이 그때까지 아내에게 들은 말 중에 가장 강력한 말이었다. 나는 최악의 모습을 보이고 있었다. 그래서 아내가 "이제 그만 헤어져요"라고 말해도 나는 아무런 할 말이 없었다. 하지만 아내는 그렇게 말하지 않았다.

"나는 어디도 가지 않겠어요."

놀랍지 않은가? 그 순간, 나는 엄청난 충격을 받았다.

"나는 어디도 가지 않겠어요."

그 말에 나는 "도움을 받아 볼게요"라고 대답했다.

바로 이것이 아하바의 사랑이다. 아하바의 사랑은 "그는 강하고 재미있어. 그래서 사랑해"라고 말하지 않는다. 아하바의 사랑은 "힘들고 마음이 아프지만 하나님은 선하시고 전능하셔. 그분의 힘으로 견디며 계속해서 은혜를 베풀겠어"라고 말한다.

아하바는 끝까지 의리를 지킨다. 그것은 우리가 배우자와 언약을 맺었기 때문이다. 그래서 우리는 아무리 힘든 순간에서 이렇게 말해야 한다. "도망치지 않겠어. 왜냐하면 기쁠 때나 슬플 때나 이 사람의 곁을 지키겠노라 약속했으니까."

그렇다고 해서 학대적인 배우자와 계속해서 살아야 한다는 뜻은 아니다. 단지 우리가 하나님 앞에서 배우자와 맺은 언약을 지키려고 애를 써야 한다는 뜻이다.

나는 우리를 완성해줄 사람과 결혼해야 한다는 것만큼 지독한 착각도 없다고 생각한다. 누구와 결혼해도 실망을 하게 되어 있다. 사실, 우리에게 가장 큰 상처를 주는 사람은 다름 아닌 배우자일 가능성이 높다.

심지어 잉꼬부부에게도 갈등은 있다. 힘든 나날이 있다. 나쁜 행동들이 나오게 되어 있다. 자신도 몰랐던 자신의 모습을 보게 되어 있다. 위기가 찾아오게 되어 있다.

솔로몬은 "너는 나를 도장 같이 마음에 품고"라고 말했다. 도장을 꽉 찍다. 이어서 그는 아하바의 '맹렬함'에 관해 이야기했다. 이는 물리적인 맹렬함이 아니라 강한 결단을 말한 것이다. 그러니까 이렇게 말하는 것이다. "이 땅에서 한 발짝도 물러설 수 없다. 끝까지 사랑할 것이다. 세상이 무너져도 이 사랑을 떠나지 않을 것이다."

이곳 텍사스의 주민들은 자긍심이 유난하다. 텍사스 주민들만큼 자기 지역에 대한 자긍심이 강한 사람들은 본 적이 없다. 이곳에서 태어나지 않은 사람들도 이곳을 고향이라고 주저 없이 말할 정도다.

이런 유별난 자긍심의 이유 중 하나는 주의 역사다. 무엇보다도 텍사스 주에는 여섯 개의 깃발이 펄럭이고 있다. 만국기를 말하는 게 아니다. 지금까지 여섯 개의 주권국가가 이 지역을 다스렸다. 그 중 하나는 텍사스 공화국이다. 그렇다. 우리는 텍사스라는 정체성을 끝까지 지켜냈다.

텍사스 사람들의 가슴에는 알라모 전투(Battle of Alamo)가 깊이 새겨져 있다. 전투 당시 우리의 작은 군대는 대군을 맞아 용감하게 외쳤다. "덤벼봐라." 그리고 나서 이 군대는 전멸했다. 모두가 죽었다. 하지만 그 용기만큼은 유례를 찾아보기 힘들다. 그들은 주먹을 불끈 쥐고 말했다. "이곳을 차지하려면 우리 모두를 죽여야 할 것이다. 우리는 끝까지 싸울 것이다. 우리를 여기서 몰아내려면 죽여야 할 것이다." 그렇게 그들은 목숨을 던졌다.

아하바의 자세가 이와 같다. "덤벼봐라"라고 말하며 끝까지 버틴다.

결혼식장에서 우리는 바로 이런 아하바의 사랑을 맹세했다. "죽음이 우리를 갈라놓을 때까지."

홍수야, 덤벼라! 많은 물로도 아하바의 불을 끌 수 없다. 홍수도 아하바를 삼킬 수 없다.

가난아, 덤벼라! 아하바는 세상의 모든 부를 합친 것보다 낫다.

죽음아, 덤벼라! 아하바는 죽지 않는다.

이 언약을 기억해야 하는 날들을 준비하라. 어두운 날, 어두운 달, 어두운 해를 준비하라. 이 세상은 망가진 세상이다. 좋은 날만 이어지는 세상이 아니다. 따라서 힘든 날을 예상하며 사는 자가 현명하다.

그런데 배우자가 폭력을 일삼는다면 어떻게 해야 할까? 배우자가 회개하지 않고 계속해서 바람을 피운다면 어떻게 해야 할까? 이는 특별한 상황이다. 성경에 따르면, 학대를 받으면서까지 배우

자의 곁을 지킬 필요는 없다. 바울은 이런 상황에서는 마음대로 해도 좋다고 말한다.[1]

육체적인 학대를 당하고 있다면 최대한 빨리 목사와 가족들에게 말을 해서 도움을 받아야 한다. 이혼이 정답은 아니지만 폭력적인 배우자의 곁에 계속해서 남아 있을 수는 없다. 회복하기 힘든 가정도 있다. 이런 환경에서는 어떻게든 빨리 벗어나야 한다.

하지만 극단적이지 않은 상황에 대해서는, 서약이 바로 그런 상황을 위해 존재한다는 사실을 기억해야 한다. 좋은 날만 계속된다면 애초에 서약을 할 필요도 없다. 서약은 궂은 날에 대비해서 하는 것이다.

마찬가지로, 은혜는 죄를 위해 있는 것이다. 우리가 죄인이 아니라면 은혜는 필요하지 않다.

황혼기까지 아름다운 결혼생활을 이어가고 싶다면 아하바의 사랑을 하기로 서약했던 것을 늘 기억해야 한다. 그래야 아무런 희망이 보이지 않는 어두운 날에도 "어디도 가지 않겠어요"라고 말할 수 있고, 마침내 모든 것을 끝까지 참아낸 뒤에 기쁨을 누릴 수 있다.

계속해서 다음 세대를 세워가는 부부

이제 우리의 아가서가 거의 끝나간다. 결혼이라는 긴 경주가 거의 끝난 지금, 부부의 관심이 어떻게 변하는지를 확인해 보라.

우리에게 있는 작은 누이는 아직도 유방이 없구나. 그가 청혼을 받는 날에는 우리가 그를 위하여 무엇을 할까? 그가 성벽이라면 우리는 은 망대를 그 위에 세울 것이요 그가 문이라면 우리는 백향목 판자로 두르리라(8-9절).

이 합창은 이런 뜻이다. "우리에겐 아직 사춘기인 딸이 있다. 아직 애다. 남자가 이 아이에게 접근하면 어떻게 할까? 이 아이가 성벽이라면 남자가 접근할 수 없도록 그 위에 망대를 세울 것이다. 이 아이가 문이라면 아무도 들어올 수 없도록 백향목 판자를 덧댈 것이다." 이번에는 왕비의 독창이다.

나는 성벽이요 내 유방은 망대 같으니 그러므로 나는 그가 보기에 화평을 얻은 자 같구나 솔로몬이 바알하몬에 포도원이 있어 지키는 자들에게 맡겨 두고 그들로 각기 그 열매로 말미암아 은 천을 바치게 하였구나 솔로몬 너는 천을 얻겠고 열매를 지키는 자도 이백을 얻으려니와 내게 속한 내 포도원은 내 앞에 있구나 (10-12절).

곧 이어 솔로몬이 다시 합류한다.

너 동산에 거주하는 자야, 친구들이 네 소리에 귀를 기울이니

내가 듣게 하려무나(13절).

여기서 부부가 서로의 곁을 지켜 결혼생활을 잘 마무리하기 위한 세 번째 열쇠를 발견할 수 있다. 그것은 천국만 바라보지 않고 뒤에 남길 유산을 생각하는 것이다.

8장 4절에서 "내 사랑하는 자가 원하기 전에는 흔들지 말며 깨우지 말지니라"라는 말이 다시 나왔던 것이 기억나는가? 이 말이 왜 다시 나왔을까? 그러니까, 이미 늙었는데 왜 이런 걱정을 하는가? 사랑을 깨울 때가 지나도 한참 지나지 않았는가?

자세히 보면 왕비는 "때가 될 때까지 사랑을 깨우지 말라"라는 말을 솔로몬이 아닌 "예루살렘 딸들"에게 한 것이다. 그러니까 남들에게 조언을 한 것이다.

8-9절은 다음 세대라는 주제를 다루고 있다. 젊은 여자들(나아가 젊은 남자들)에게 무엇을 해줘야 할까? 솔로몬과 그의 아내에게는 젊은 세대에 전해줄 지혜가 있었다. 그들의 사역은 끝나지 않았다. 단지 초점만 바뀌었을 뿐이다. 그들은 은퇴해서 해변으로 가지 않았다. 그들은 계속해서 다음 세대를 세워갔다.

갑자기 그들의 모든 실수와 죄가 귀한 자산으로 변했다. 그들은 젊은이들에게 가르쳐줄 것이 많았고, 그 가르침에는 하지 '말아야' 할 것들도 포함되었다. 실패한 사람들은 실패를 낭비로 여기는 경향이 있다. 그렇지 않다. 인생의 모든 실수와 단점, 모든 까진 무룖과 부러진 코는 그리스도를 통해 구속되어 후대를 형성하고 섬기기 위한 성령의 도구로 쓰일 수 있다.

성경은 나이 혹은 영적인 연배가 어린 사람들을 어떻게 도와야 할지 더없이 분명히 가르쳐주고 있다. 예를 들어 디도서 2장 2-8절을 보라.

> 늙은 남자로는 절제하며 경건하며 신중하며 믿음과 사랑과 인내함에 온전하게 하고 늙은 여자로는 이와 같이 행실이 거룩하며 모함하지 말며 많은 술의 종이 되지 아니하며 선한 것을 가르치는 자들이 되고 그들로 젊은 여자들을 교훈하되 그 남편과 자녀를 사랑하며 신중하며 순전하며 집안일을 하며 선하며 자기 남편에게 복종하게 하라 이는 하나님의 말씀이 비방을 받지 않게 하려 함이라 너는 이와 같이 젊은 남자들을 신중하도록 권면하되 범사에 네 자신이 선한 일의 본을 보이며 교훈에 부패하지 아니함과 단정함과 책망할 것이 없는 바른 말을 하게 하라 이는 대적하는 자로 하여금 부끄러워 우리를 악하다 할 것이 없게 하려 함이라.

젊은이들을 가르치고 격려하고 도우라. 그들이 더욱 키워서 또 다시 다음 세대에 전해줄 수 있도록 믿음과 인내의 유산을 남기라. 다음 세대의 사역을 위해 강한 기초를 쌓아라. 그러면 그들이 우리를 지혜의 본보기로 우러러볼 것이다.

내가 처음 부임했을 때 빌리지 교회는 약 160명이 모이는 교회였다. 당시 나는 스물여덟의 젊은이였고 아내는 첫째를 임신하고 있었다. 얼마 있지 않아 우리는 길버트 몬테즈(Gilbert Montez)라는 사람을 고용했다. 그는 자녀를 모두 출가시킨 노인이었다.

여러 모로 답답하던 시기에 몬테즈를 보내 주신 하나님께 너무도 감사하다. 목회를 잘해보려고 책을 읽고 연구를 했지만 현실은 이론과 너무도 달랐다.

그러던 차에 첫딸이 세상에 나왔다. 기쁨도 잠시, 애가 밤새 울어대는 통에 잠을 잘 수 없었다. 이런 생각을 했던 기억이 난다. '계속해서 이렇게 살아야 하나? 편히 잠을 잘 날은 다시 오지 않는 건가?'

그때 몬테즈가 우리 부부에게 와서 이렇게 말했다. "계속 이러지는 않아요. 지나가는 시기일 뿐이에요. 그냥 이 순간을 즐기세요. 금방 지나갈 거예요." 그 말이 얼마나 위로가 되었는지 모른다.

그 외에도 인생을 오래 산 여자들이 우리 아내에게 정말로 많은 것을 가르쳐 주었다.

젊은 나이에는 부부 갈등을 좀 겪어도 괜찮다. 하나님의 은혜로 얼마든지 그 시절을 잘 이겨낼 수 있고, 그 경험이 귀한 자산이될 것이다. 어두운 시절이 남들에게 전해줄 보석이 될 것이다.

빌리지 교회에서 부임해서 오륙 년 동안은 나이가 어려서 힘들었다. 그래서 하루라도 빨리 머리가 희어졌으면 하는 생각뿐이었다.

젊은이들이 서로에게 조언을 해 주는 것은 마치 맹인이 다른 맹인에게 길을 안내하는 것과도 같다. 그래서 젊은이들에게는 인생의 지뢰를 적잖이 밟아본 덕분에 그 지뢰를 어떻게 찾을지 아는 사람들이 필요하다. 젊은이들에게는 많은 상처, 주름, 흰머리, 세월 속에서 얻은 지혜를 가진 사람들이 필요하다. 그런 사람들이 젊은이들과 함께 걸어가면서 성장하도록 도와주어야 한다.

결혼생활 속의 실수와 실패가 무가치하다는 원수의 거짓말에 넘어가지 마라. 우리의 실수와 실패를 주님께 맡기라. 그러면 그분이 그것들이 구속하여 중요하게 사용하실 것이다.

현재 아내와 나는 한 신혼부부를 정기적으로 만나고 있다. 가끔 그들과 저녁식사를 하면서 이 부부의 문제를 상담해준다. 아내와 나는 지난 실수의 보물 창고에서 이 부부에게 도움이 될 지혜의 보석을 꺼내곤 한다.

'그 지옥 같던 7년이 없었다면 얼마나 좋을까? 나처럼 지독한 부부 갈등을 겪은 사람이 어떻게 결혼에 관해 이야기할 수 있는가?' 내가 이런 생각을 할까? 전혀 아니다. 십자가는 내 실수담을 나누라고 명령한다. 십자가는 내 약점을 자랑하라고 명령한다.

나는 부부 갈등을 직접 겪어봤기 때문에 갈등을 겪고 있는 부부들에게 해줄 말이 많다.

알코올 중독에서 해방된 사람만큼 알코올 중독자들을 잘 이끌어줄 사람이 있을까? 상처가 많지만 끝내 이겨낸 부부만큼 흔들리는 가정을 잘 도와줄 수 있는 부부가 있을까?

장수의 비결 중 하나는 부부가 함께 남들을 섬기는 것이다. 계속해서 다음 세대를 키워가라.

요즘 나의 가장 큰 기쁨 중 하나는 아내와 함께 젊은 세대를 키우는 것이다(물론 내가 노인은 아니지만 이래 뵈도 인생의 쓴맛을 꽤 본 사람이다). 물론 나 혼자서 해야 하는 일도 있고 아내가 혼자서 해야 하는 일도 있지만 최대한 함께 하려고 한다. 최대한 함께 주님을 섬기려고 한다. 이것이 우리 부부가 행복하게 사는 비결 중 하나다.

하루가 다르게 성장하는 교회를 목회하고 역시 급속도로 성장하는 사역 기관을 이끄는 일이 보통 힘든 것이 아니지만 아내가 있어서 얼마나 든든한지 모른다. 주님은 내가 아니라 '우리'를 이 사역으로 부르셨다.

우리는 함께 다음 세대를 키워가고 있다. 하나님은 더 젊고 활기 넘치는 목회자들과 부부들을 부르고 계신다. 그래서 우리는 계속해서 그들을 세워가고 있다. 우리의 무릎이 삐거덕거리고 손이 떨리고 눈이 침침해져도 다음 세대에 지혜를 전해주는 일을 하루도 쉬지 않을 생각이다.

함께 믿음의 경주를 하는 부부

아가서의 마무리가 얼마나 멋진지 모른다. "내 사랑하는 자야, 너는 빨리 달리라. 향기로운 산 위에 있는 노루와도 같고 어린 사슴과도 같아라"(8:14).

아가서는 처음 시작할 때와 마찬가지로 서로를 향한 강렬한 애정 표현으로 마무리된다. "내게 입 맞추기를 원하니"(1:2)라는 뜨거운 사랑 표현으로 시작해서 "계속해서 산을 넘어라! 계속해서 내게로 오라! 계속해서 나를 좇아다니라!"라는 뜨거운 사랑 표현으로 끝난다.

남자와 여자, 남편과 아내로서 우리는 하나님의 영광과 우리 자신의 영원한 기쁨을 위해 서로를 계속해서 뜨겁게 사랑해야 한다. 왜일까? 그것이 하나님의 뜻이고, 하나님의 선한 뜻 안에 머물면 우리가 기쁘고 하나님께서 영광을 받으시기 때문이다.

아가서에 나타난 지혜를 따라 살려고 할 때만큼 구주의 필요성을 절감할 때도 없다. 아무쪼록 성령이 끝까지 우리를 인도해 주시기를 간절히 기도한다. 우리는 서로에게 단순한 동거인이 되지 않도록 부단히 노력해야 한다. 실수를 자책하지만 말고 거기서 얻은 지혜를 남들에게 나눠주며 살아야 한다.

부부가 함께 주님을 섬기며 늙어가야 한다. 죽는 그 순간까지 서로를 뜨겁게 사랑해야 한다. 물론 쉽지는 않을 것이다. 하지만 하나님이 주신 회개와 고백, 용서라는 도구들을 잘 사용하고 제3자의 조언을 구하면서 노력한다면 충분히 해낼 수 있다.

인생의 어떤 단계에 있든 가장 중요한 관계는 바로 하나님과의 관계다. 그저 막연하게 "하나님, 사랑해요"라고 말한다고 해서 그분과 관계를 맺었다고 말할 수 없다. 옳게 행동하는 것으로도 부족하다. 예수 그리스도께 삶을 바친 자만이 그분과 진정한 관계를 맺었다고 말할 수 있다.

궁극적으로 그리스도 안에서 기쁨을 찾고 있는가? 오직 그리스도 안에서는 쉼을 찾으라. 오직 그분께만 힘과 지혜를 구하라. 그분이 없으면 세상 모든 것이 무의미하다.

그리스도께서 우리의 죄를 위해 돌아가셨다는 사실, 우리가 사랑과 용서를 받고 입양되었다는 사실을 이해하지 못하면 그 어떤 연애나 결혼도 줄 수 없는 놀라운 기쁨을 놓칠 수밖에 없다.

복음과 우리의 믿음은 데이트와 구혼, 약혼, 결혼, 함께 늙어가는 삶에 진정한 기쁨을 더해준다. 하나님이 같은 죄에 대해 우리를 계속해서 용서하고 계신다는 사실을 알면 배우자를 더 많이 참아줄 수 있다. 하나님이 우리를 그리스도의 신부로서 사랑하신다는 사실을 생각하면 배우자를 더 뜨겁게 사랑할 수밖에 없다.

따라서 우리는 가장 먼저 예수님을 생각해야 한다. 그리스도를 통해 우리에게 주어진 이 놀라운 구원에 관해 생각해야 한다.

예수 그리스도를 떠나서도 썩 괜찮은 결혼생활을 누리는 것이 가능하다. 오랫동안 우리 옆집에 살아온 이웃은 믿지 않는 사람들인데 정말 닭살 부부다. 육십 대인데 마당에서 서로를 꼬집으며 애정 표현을 하는 모습은 차마 봐주기 힘들 정도다.

이 부부는 그렇게 서로를 사랑하고 자녀들을 번듯하게 키워 냈다. 여러 모로 닮고 싶은 부부다. 하지만 그들은 영혼의 어우러짐을 경험할 수 없다. 육체적, 감정적, 지적으로는 하나가 될 수 있지만 가장 깊은 영적 차원에서는 서로 연결될 수가 없다. 오직 성도들의 결혼 속에서만 그리스도께서 그분의 신부를 깨끗하게 해 주신다. 이것은 그야말로 영원한 차이를 만들어낸다.

결혼이 영원하지는 않지만 결혼을 그리스도 위에 세워지지 않으면 그 결혼을 영원히 낭비하는 꼴이다. 궁극적으로 결혼은 예수 그리스도의 삶과 죽음, 부활을 통해 나타난 하나님의 은혜를 이해하기 위한 통로다. 아가서에서 우리는 이 복음의 신비가 빛나는 것을 볼 수 있다. 당신도 그 빛을 봤으리라 믿는다.

우리는 하나님을 알고 사랑하는 사람들이 되어야 한다. 그렇게 되면 늘 회개하고, 건강하고 활력이 넘치는 관계를 추구하게 된다. 우리는 서로 사랑하는 모습을 통해 그리스도께서 신부를 얼마나 사랑하시는지를 온 세상에 보여 주어야 한다.

사랑, 연애, 결혼, 성은 물론이고 우리가 하는 모든 일의 중심에 예수님이 계셔야 한다.

가정을 구원할 빛은
구주 안에 있다

　　수세기 동안 아가서는 다양한 방식으로 해석되었다. 한 쪽 극
단에서는 너무 비유적으로 해석하고, 다른 쪽 극단에서는 철저히
실용적인 교과서로 해석했다. 하지만 나는 양극단이 아닌 중간 어
디쯤에 진실이 있다고 믿는다. 물론 아가서에서 우리는 로맨틱한
사랑과 결혼, 성에 관한 많은 실용적인 팁을 얻을 수 있다. 아가서
는 '시'이면서 동시에 매우 실용적이다. 그래서 실질적인 결혼과는
전혀 상관없는 것처럼 은유적으로만 아가서를 해석해서는 곤란하
지만, 아가서에서 우리는 이 땅에서의 결혼을 넘어 저 하늘에 계신
분을 볼 수 있어야 한다.

아가서가 복잡하고 불가해하듯 결혼도 복잡하고 불가해하다. 이에 대해 바울은 구약의 구절을 차용하여 이렇게 표현했다. "그러므로 사람이 부모를 떠나 그의 아내와 합하여 그 둘이 한 육체가 될지니 이 비밀이 크도다. 나는 그리스도와 교회에 대하여 말하노라"(엡 5:31-32).

결혼생활을 꽤 오래 한 사람이라면 누구나 결혼이 비밀처럼 알쏭달쏭한 것이라고 말할 것이다. 살아도 살아도 모르는 것이 결혼이다. 하지만 다행인 것은, 우리가 믿는 하나님은 결혼에 대해 잘 아신다는 것이다.

우리를 놀라게 하고 다급하게 만드는 것들이 하나님을 당황하게 만들지는 못한다. 삼위일체 하나님은 모든 것을 이미 알고 계시기에 놀라시는 법이 없다.

배우자의 손을 잡고 빛을 찾아 어둠 속을 헤매고 있는가? 그 빛은 서로의 눈 속에 있지 않다. 서로를 향한 사랑의 불 속에 있지 않다. 빛은 바로 우리를 사랑하시며 우리를 위해 자신을 내어주신 구주 안에 있다. 결혼을 단순히 남녀가 같이 사는 것으로만 보지 않고 신부를 향한 그리스도의 깊고도 희생적이고도 영원한 사랑을 볼 수 있다면 진정으로 눈이 열린 것이다.

언젠가 죽음을 통해서든 우리 주님의 재림을 통해서든 우리의 결혼은 끝이 날 것이다. 우리의 결혼은 영원히 지속되지 않는다. 하지만 결혼생활을 통해 우리의 영혼 속에서 이루어지는 성화는 영원하다. 언젠가 우리는 남편을 시모하는 신부처럼 우리의 구속자 앞에 서게 될 것이다. 그분을 대면하는 순간, 우리는 결혼의 진정한 의미를 이해하게 될 것이다. 그때까지는 결혼이라는 불가해의 신비를 즐기자. 결혼은 놀라운 선물이요 심오한 은혜다.

우리 함께 결혼이라는 불가해의 신비를 즐기자. 그리고 모든 영광을 결혼의 저자께 돌려드리자.

감사의 말

2002년 토미 넬슨(Tommy Nelson)의 아가서 강해를 처음 들었다. 당시 나는 결혼한 지 2년밖에 되지 않은 초보 남편이었다. 그래서 마치 사막에서 갈증에 시달리는 사람처럼 이 강해 CD를 듣고 또 들었다. 그의 가르침은 내가 아가서라는 중요한 책을 이해하는 데 지대한 영향을 미쳤다.

그때부터 13년 동안 아가서를 연구하면서 보니 넬슨의 해석은 지금까지 대다수 학자들의 해석과 일치하고 있다. 넬슨에 따르면 아가서는 솔로몬 왕과 한 여인이 첫 끌림을 지나 결혼을 하고, 서로 익숙해진 후에도 계속해서 사랑의 불길을 유지한 과정을 그리고 있다. 아가서를 향한 넬슨의 불같은 열정이 고맙기 그지없다. 그가 아니었다면 이 책은 탄생하지 못했을 것이다.

또한 연애와 구혼, 결혼, 친밀함에 관한 나의 조언과 성경의 지혜를 구한 빌리지교회의 수많은 남녀가 없었다면 이 책은 역시 탄생하지 못했을 것이다. 나이를 먹을수록 더 사랑하고 더 성장하기를 원하는 부부들을 상담하느라 아가서를 보고 또 봐야 했다.

마지막으로, 내 아내의 인내와 은혜, 믿음이 아니었다면 이 책은 절대 탄생하지 못했을 것이다. 결혼하고 나서 7년간 내가 지독히도 고약하게 굴었지만 아내가 한결같은 모습을 보인 덕분에, 그리고 하나님의 은혜 덕분에 지난 8년의 결혼생활이 더없이 아름답고 풍성할 수 있었다.

주

프롤로그

1. 창 1:1.

2. 요 10:10.

3. 창 2:18.

4. 아 2:16.

5. 창 2:25.

6. 창 1:28.

7. Duane Garrett과 Paul R. House, *Song of Songs/Lamentations*, vol. 23B, Bruce M. Metzger 편집의 *Word Biblical Commentary* (Nashville, TN : Thomas Nelson, 2004), 25에서.

8. C. H. Spurgeon, *The Metropolitan Tabernacle Pulpit Sermons*, vol. 42 (London : Passmore & Alabaster, 1896), 285.

PART 1

-- Chapter 1

1. *Psychology Dictionary Online*, s.v. "What Is Attraction?," http://psychologydictionary. org/attractoin/.

2. Erica Reischer와 Kathryn S. Koo, "The Body Beautiful : Symbolism and Agency in the Social World," *Annual Review of Anthropology* 33 (2004) : 297-317.

3. Emily Peng, "History of What Society Viewed as Women Beauty," *SlideShare*, 2011년 5월 18일, www.slideshare.net/emilypeng1/history-of-what-society-viewed-as-women-beauty-8005550.

4. Reischer와 Koo, "The Body Beautiful," 298.

5. net.bible.org(http://net.bible.org/#!bible/Proverbs+31)에 이 구절에 관한 설명이 나타난다. "'인품이 고상한 아내.' 이에 해당하는 히브리어는 룻을 표현할 때도 사용된 단어다(예를 들어 룻기 3장 11절). 여기서 חַיִל(liyahk)은 '도덕적 가치'를 뜻한다. (BDB 298 s.v.) ; 참조. KJV 'a virtuous woman(덕이 높은 여인).' 다른 곳에서는 전투에서 빛나는 육체적 힘을 표현할 때 사용되었다. 예를 들어, '용사,' 평시나 전시에 백성들의 필요를 채워줄 수 있는 지주 귀족(예를 들어 삿 6:12). 이 표현은 이 여인이 이 시에 나타난 것들을 해내기 위해 필요한 모든 미덕과 품위, 힘을 지니고 있었음을 의미한다."

6. Bill Hybels, *Who You Are When No One's Looking: Choosing Consistency, Resisting Compromise* (Downers Grove, IL : InterVarsity, 2010). 빌 하이벨스, 《아무도 보는 이 없을 때 당신은 누구인가?》(IVP 역간).

7. Anthony Gross 편집, *Lincoln's Own Stories* (New York : Harper and Brothers, 1912), 109.

8. Tim Keller, 트위터 글, 2014년 6월 22일 오전 9시, http://twitter.com/timkellernyc/status/480742216718352384.

-- Chapter 2

1. Elizabeth L. Paul, Brian McManus, Allison Hayes, "Hookups': Characteristics and Correlates of College Students's Spontaneous and Anonymous Sexual Experiences," *The Journal of Sex Research 37* (2000), 76.

2. Tracy A. Lambert, Arnold S. Kahn, Kevin J. Apple, "Pluralistic Ignorance and Hooking Up," *The Journal of Sex Research 40* (2003), 129-33.

3. Lambert, Kahn, Apple, "Pluralistic Ignorance and Hooking Up," 129-33.

4. Tommy Nelson, *The Book of Romance: What Solomon Say about Love, Sex, and Intimacy* (Nashville, TN : Thomas Nelson, 1998), 42.

-- Chapter 3

1. Tommy Nelson, *The Book of Romance : What Solomon Say about Love, Sex, and Intimacy* (Nashville, TN : Thomas Nelson, 1998), 49.

2. Joshua Harris, *I Kissed Dating Goodbye* (Colorado Springs, CO : Multnomah, 2003), 188. 조슈아 해리스, 《No 데이팅》(두란노 역간).

3. John Thomas, "What Role Do Parents Play in Courtship?," Boundless.org, 2006년 7월 31일, www.boundless.org/advice/2006/what-role-do-parents-play-in-courtship.

PART 2

-- Chapter 5

1. H. D. M. Spence-Jones 편집, *Song of Solomon* (London ; New York : Funk & Wagnalls, 1909), 93.

2. Gary and Besty Ricucci, *Love That Lasts: Making an Magnificent Marriage* (Gaithersburg, MD : PDI Communications, 1993), 159.

3. C. S. Lewis, *The Screwtape Letters* (New York: Macmillan, 1951), 102.

4. Gary Thomas, *Sacred Marriage: What If God Designed Marriage to Make Us Holy More Than to Make Us Happy* (Grand Rapids, MI : Zondervan, 2000), 226.

5. Shaunti Feldhahn, *For Women Only: What You Need to Know about the Inner Lives of Men* (Sisters, OR : Multnomah, 2004), 93. 쉔티 펠드한, 《여자들만 위하여》(미션월드라이브러리 역간).

6. Feldhahn, For Women Only, 93-94.

-- Chapter 6

1. 커뮤니케이션의 열 가지 '금기'는 Tommy Nelson, *The Book of Romance: What Solomon Say about Love, Sex, and Intimacy* (Nashville, TN : Thomas Nelson, 1998), 135-38에서 차용했다.

2. Lore Ferguson, "Some Observations on Tone of Voice," *Sayable*, 2014년 6월 16일, http://sayable.net/2014/06/some-observations-on-tone-of-voice/.

3. Paul David Tripp, *What Did You Expect? Redeeming the Realities of Marriage* (Wheaton, IL : Crossway, 2010), 120.

-- Chapter 7

1. Gary Thomas, *Sacred Marriage : What If God Designed Marriage to Make Us Holy More Than to Make Us Happy* (Grand Rapids, MI : Zondervan, 2000), 101.

2. Shirley Rice, *Physical Unity in Marriage : A Woman's View* (Norfolk, VA : The Tabernacle Church of Norfolk, 1973), 3-4.

-- Chapter 8

1. 고전 7:10-13을 보시오.